생활법률 솔루션 3

고소 고발의 작성사례 및 질의답변

고소 고발 처음부터 끝까지

편저 : 생활법률연구원

감수 : 김영환 전 서기관

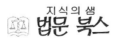

지식의 샘

법문 북스

머 리 말

　법은 사람의 공동생활에 있어서 행위의 준칙으로서 국가에 의하여 강행되는 사회규범이다.

　사회가 복잡하여지고 신속 정확한 지식과 정보가 필요로 한 변화와 개혁이 일어나고 있는 이때에도 우리는 주위에서 법률상식을 몰라서 막대한 손해를 입고 불이익을 당하는 사람과 반면에 법률을 잘 활용해서 어려운 일들을 해결해 나가는 사람을 두루 볼 수 있다.

　법은 많이 알수록 재산이 된다는 이야기를 많이 들었을 것이다. 알 때와 모를 때의 차이를 엄청나게 느낄 수 있는 것이 바로 법률이다.

　특히 경제가 급속도로 발전하고 점차 세분화하는 이 사회를 살아가려면 법률상식은 필수라 하겠다.

　시대의 흐름에 따라 사회·경제·문화의 여러 분야에서 급속한 변화와 개혁이 일어나고 있고 특히 법률은 새로 제정되고 개정되는 일이 많아 그 변화가 심하다고 할 수 있다.

　이처럼 하루가 다르게 변하는 법률을 따라가는 것은 쉬운 일이 아니다. 일일이 공부하며 법률지식을 넓힌다든가 법률 전문가라도 두어 자문을 받으면 되겠지만 현실이 그렇지 못하여 뜻하지 않게 손해를 보는 경우가 많을 것이다.

　법률 지식은 어느 정도만 알고 있어도 혼자서 해결할 수 있는 문제를 가지고 일일이 법률사무소나 법률전문가를 찾을 수도 없는 노릇이다. 또 법률전문가에게 찾아간다 해도 어느 정도 기초적인 지식을 알고 상담해야 많은 도움을 받을 수 있고 유익한 것이다.

오늘날과 같은 법률문화와 법률적 분쟁이 증가하는 시대에서는 자기관리와 방어를 잘해야 경쟁에서 살아남을 수 있을 것인데 법률지식도 급변하는 사회에 적응하는 중요한 경쟁력이라 할 것이다.

이에 본사에서는 각종 고소, 고발에 관한 길라잡이가 될 수 있도록 필수이론·질의답변·서식 등을 분석 정리하며 확실하고 명쾌하게 해결할 수 있는 방법을 제시하였다.

이 책으로 각종 법률 문제들의 해결방법을 자세히 알아 법률상식을 알지 못해 당할 수 있는 피해를 예방하는데 도움이 되고 권익을 찾는데 보탬을 주려 한다. 이 책이 복잡한 사회를 살아가는 사람들의 반려자로서 자리매김 할 것을 믿으며 신속 정확한 법률업무처리와 법률문화창달에 이바지 할 것을 기대한다.

마지막으로 이 도서가 출간되기까지 출판시장의 어려운 현실에서도 집필을 도와주시고 본서를 출간한 법문북스 김현호 대표와 편집팀 여러분께도 감사드린다.

2012.
편저자 드림

차 례

제1편
고소 고발 양식

제2편
고소고발 질의 답변

제3편
고소 고발의 이해

제1편
고소, 고발 양식

제1장. 고소장

〈 고소장 〉 고소장(횡령)

고　소　장

고 소 인 ○　○　○
　　　　○○시 ○○구 ○○동 ○○아파트 ○동 ○호
　　　　주민등록번호　　　　－
　　　　연 락 처 (02)　　－　　, (010)　　－

피고소인 ○　○　○
　　　　○○도 ○○시 ○○동 ○○블럭 (주)○○건설
　　　　현장
　　　　주민등록번호　　　　－
　　　　연 락 처 (02)　　－　　, (010)　　－

　위 피고인을 횡령죄로 이 고소를 제기하오니 의법 처
리하여 주시기 바랍니다.

고 소 사 실

1. 고소인은 부부간이 건축현장을 전전하면서 함바식당
　을 경영하고 있는 영세업자인데
2. 피고소인 ○○도 ○○시 ○○동에 (주)○○건설 현
　장에 아파트공사의 미장부하청업자로서 피고소인의
　미장부 인부 50여명에 대한 식사제공의 요청을 받
　고 15일마다 식대를 청산해 주겠다는 약정하에 서

기 ○○년 ○월 ○일부터 동년 ○월 ○일까지 식사 제공을 한 사실이 있는 바, 피고소인을 15일 계산 약정과는 달리 지지부지 식대를 미루어오다가 동년 12월 말일 현재 미불액이 일금 1,364,700원에 이르렀습니다.

3. 피고소인은 동 12월 31일자로 공사를 완료하고 전시 (주)○○건설 회사로부터 공사대금 전액을 지불받아 인부들에게 노임을 지불하면서 위 식대를 전액 공제 지급하였음에도 위 금원을 횡령착복하고 고소인에게는 횡설수설하면서 ○○년 ○월 ○일까지 무위 지불하겠다는 현금 보관증을 써주고 자취를 감춘 자입니다.

4. 고소인은 금일 현재까지 백방으로 피고소인의 소재를 탐문하여 이 고소를 제기하오니 체포하시어 영세민의 고혈을 흡혈하는 자를 엄벌에 처해주시기 바랍니다.

관계서류 1. (주) ○○건설 노임지불 확인서　　1부
　　　　　 2. 인부들의 진술서　　　　　　　　3매

20○○년　 월　 일

위 고소인　○　○　○　㊞

○○지방검찰청　귀중

《고소장》 고소장(횡령, 배임)

고 소 장

고 소 인 ○ ○ ○
　　　　○○시 ○○구 ○○동 ○○번지 ○○안경점
　　　　주민등록번호　　　　－
　　　　연 락 처 (02)　　－　　, (010)　　－

피고소인 ○ ○ ○ (남) 당 ○○세
　　　　주소미상

　위 피고소인을 횡령 배임죄로 이 고소를 제기하오니 의법처단하여 주시기 바랍니다.

고 소 사 실

1. 고소인은 주소지에서 안경점을 경영중이온데 피고소인은 20○○년 ○월 중순경 고소인 경영 안경점의 직원으로 취업을 하였는 바, 월급은 1개월에 일금 1,500,000원으로 하고 그외로 매출실적에 따르는 수당까지 지급받기로 하는 약정을 하고 동년 3월부터 동년 8월 중순경까지 재직기간 중 고소인이 피고소인을 믿고 수금업무를 위임하였던 바, 기간 중 거래처인 ○○완구 외 34개소에서 수금한 금원 중 1,211,900원을 횡령 착복한 자입니다.
2. 고소인은 기간 중 피고소인이 앞길을 고려하여 수차에 걸쳐 직원을 보내서 변상을 촉구한 바 있으나 계

속 고의적으로 이를 차일피일 회피하고 있으므로 부
득이 이 고소에 이르렀으니 의법처단 하여주시기 바
랍니다.

관계서류 1. 횡령명세서   1부

                        20○○년   월   일

                        위 고소인   ○   ○   ○   ㉞

○○경찰서장   귀중

《 고소장 》 고소장(업무상 횡령)

고 소 장

고 소 인 ○ ○ ○
　　　　○○시 ○○구 ○○동 ○○아파트 ○동 ○호
　　　　주민등록번호　　　　　-
　　　　연 락 처 (02)　　-　　, (010)　　-

피고소인 ○ ○ ○
　　　　○○도 ○○시 ○○동 ○○아파트 ○동 ○호
　　　　주민등록번호　　　　　-
　　　　연 락 처 (02)　　-　　, (010)　　-

　위 피고소인을 업무상 횡령죄로 이 고소를 제기하오니 의법처단하여 주시기 바랍니다.

고 소 사 실

　피고소인은 ○○○은 20○○년 ○월 ○일자 보건사회부 환경위생과에 근무하다가 20○○년 ○월 ○일 승진으로 인하여 외무부 여권과로 전보되어 20○○년 ○월 ○일까지 근무하면서 외국에 나가는 여권 사무를 전담한 자인데,

1. 위 여권발급 사무를 취급하는데 있어 동 여권은 신청자로부터 각 건마다 5,000원이상 10,000원의 국

채소화필증을 첨부한 자에게만 여권을 발급하게 되는데

2. 20○○년 ○월 ○일부터 20○○년 ○월 ○일까지에 해외여권을 발급한 중에서 ○○시 ○○구 ○○동 ○○번지 거주 ○○○의 48명으로부터 위 여권 발급시 국채소화필증을 징수하는 대신 매인당 현금 6,000원씩을 받은 후 그것으로 수시 해당 국채를 구입하였다가 동 국채소화필증은 각 관계서류에 첨부하고 동 국채는 응당 소유자인 신청자에게 반환하여 주거나 또는 찾아갈 때까지 바르게 보관하고 있어야 함에도 불구하고 20○○년 ○월경 3회에 걸쳐 현재 ○○시 ○○구 ○○동 ○○번지 국채상사 ○○○에게 팔아서 위 신청자들의 소유국채를 횡령한 것입니다.

위 사실을 들어 고소하오니 조사하여 엄벌에 처해 주시기 바랍니다.

년   월   일

위 고소인 ○ ○ ○ ㊞

○○경찰서 귀중

〈 고소장 〉 고소장(배임)

고 소 장

고 소 인 ○　○　○
　　　　　○○시 ○○구 ○○동 ○○번지
　　　　　주민등록번호　　　　－
　　　　　연 락 처 (02)　　－　　, (010)　　－

피고소인 ○　○　○
　　　　　○○도 ○○시 ○○동 ○○번지
　　　　　주민등록번호　　　　－
　　　　　연 락 처 (02)　　－　　, (010)　　－

　위 피고소인을 배임죄로 이 고소를 제기하오니 의법
처단하여 주시기 바랍니다.

고 소 사 실

　피고소인은 ○○군 ○○면에 있는 ○○협동조합장으
로서 조합에 관한 사무일체를 관장하고 있는 자로서
20○○년 ○월 ○일 고소인외 43명이 연대하여 농약
공동 구입 자금으로서 중앙농협 ○○군 조합에서 금
430만원을 융자받고자 하고 피고소인이 위 연대채무
자의 대표자로서 같은 달 13일 위 화순군조합에서 위
현금을 받음에 있어서 자기 이익을 도모하기 위하여
본 임무에 위배하여 타 연대보증인들의 승낙도 없이
자의로 금 50만원을 동 조합에 대한 사례금으로 공제

하여서 자기 개인 용도에 쓰고 각 연대채무자에게 손해를 입게 하였으므로 고소를 제기하는 바입니다.

                    20○○년   월   일

                    위 고소인   ○   ○   ○ ㉑

○○경찰서장 귀중

〈 고소장 〉 고소장(사문서위조, 동행사사기)

고　소　장

고 소 인 ○　○　○
　　　　○○시　○○구　○○동　○○번지
　　　　주민등록번호　　　－
　　　　연 락 처 (02)　－　,(010)　－

피고소인 ○　○　○
　　　　○○도　○○시　○○동　○○번지
　　　　주민등록번호　　　－
　　　　연 락 처 (02)　－　,(010)　－

　위 피고소인을 사문서위조 및 동행사사기죄로 이 고
소를 제기하오니 의법처단하여 주시기 바랍니다.

고 소 사 실

　피고소인은 ○○시 ○○구 ○○동 ○○번지에서 거
주하는 자로서 ○○시 ○○구 ○○동 ○○신용조합에
서 대부금 알선, 신용조사, 수금을 담당한 자이다.
1. 20○○년 ○월 초순 조합금액을 편취할 것을 기도
　하고 피고소인과 평소 잘 아는 인장업자 김○○에
　게 부탁하여 ○○시 ○○구 ○○동 ○○번지에 사
　는 구○○의 인장과 동시 ○○구 ○○동에 사는 홍
　○○의 인장을 조각케 하여 피고소인 가정에서 행
　사할 목적으로 고소 외 김○○이 차용인 고소외 구

○○이 보증인이 된것처럼 문서를 작성하여 본 신입자는 신용이 매우 좋은 것 같이 감언이설로 조합장을 오신시켜 금 400만원을 대부받고 이 돈을 직접 피고소인이 전달할 뜻을 아뢰고 선이자로 20만원을 공제한 나머지액 380만원을 수취하여서 편취하였고,

2. 20○○년 ○월 ○일 ○○시 ○○구 ○○동 ○○번지 성명 불상 인장업자에게 시켜 ○○시 ○○구 ○○동 ○○번지 거주 소외 박○○의 인장과 동시 ○○시 ○○구 ○○동 ○○번지 천○○의 인장을 조각케 하여 피고소인 가에서 행사할 목적으로 동 박○○을 차주로 동 천○○을 보증인으로 문서를 만든 다음 각각 날인하여 위조하고 본 문서가 진정히 성립된것처럼 전 수법과 동일하게 신용이 있다는 거짓말을 하여 위 조합장이 믿게 하고 금 60만원을 대부받아 위 수법과 동일하게 선불이자 3만원을 공제한 후 나머지 57만원을 수취하여 도합 437만원을 착복하였음.

위와 같은 사실로 고소하오니 엄중히 조사하시어 처벌하여 주시기 바랍니다.

20○○년　월　일

위 고소인　○　○　○　㊞

○○경찰서　귀중

《고소장》 고소장(폭행, 상해)

고 소 장

고 소 인 ○ ○ ○
    ○○시 ○○구 ○○동 ○○번지
    주민등록번호   −
    연 락 처 (02) − , (010) −

피고소인 ○ ○ ○
    ○○도 ○○시 ○○동 ○○번지
    주민등록번호   −
    연 락 처 (02) − , (010) −

위 피고소인을 폭행, 상해죄로 이 고소를 제기하오니
의법처단하여 주시기 바랍니다.

고 소 사 실

1. 고소인은 1종보통면허 소지자로서 택시운전을 하고
있는 자인데,
2. 피고소인도 택시운전기사로서 평소 친분이 있는 바,
고소인이 20○○년 ○월에 직장을 잃어 실업에 이
르자 피고소인이 ○○택시 차주인 고소외 ○○○에
게 취업소개를 하여 근무중 동년 ○월 ○에 고소인
이 차주에게 입금하여야 할 돈 12만원을 가정의 형
편상 입금하지 못하자 다음날 아침에 위 차주가 고
소인의 처에게 전화를 걸어 입에 담지 못할 욕설을

하였다고 하므로 동년 ○월 ○에 전시 미납금을 완납하고 당일로 사직을 한 사실이 있었습니다.

3. 그런데 피고소인은 자신이 소개한 보람이 없다는 좋지 못한 감정을 품고 있다가 20○○년 ○월 ○일 20시경 고소인이 주소지 인근 켄터키 치킨 집에서 학교선배와 음주를 하고 있는데 피고소인이 술에 취하여 나타나서 공연한 시비를 걸더니 머리로 고소인의 안면을 박치기 하고 좌수무지와 시지로 고소인의 우측 안구를 휘벼서 고소인을 졸도케 하여 안면 및 안구에 전치 3주를 요하는 상해와 전시 박치기로 고소인의 코뼈가 만곡되어 이를 교정시술 하자면 2주간의 입원가료를 요하는 가중적 상해를 가한 자입니다.

4. 피고소인은 위와 같은 폭행을 가하고도 단 한 번의 사과의 말도 없이, 또한 치료비의 부담도 없이 오히려 폭력배들이 구사하는 폭언으로 「야! 이 새끼야! 나도 이빨이 2개나 흔들리니 뽑아야겠다!」고 허무한 주장을 하면서 고소를 하든 마음대로 해 보라고 수차에 걸쳐 폭언을 가하고 있으므로 고소인은 이상 더 참을 수가 없어서 이 고소를 제기하오니 피고소인을 엄단하여 주시기 바랍니다.

관계서류 상해진단서   1매

20○○년   월   일

위 고소인   ○   ○   ○   ㉑

○○경찰서장 귀중

《 고소장 》 고소장(상해)

고 소 장

고 소 인 ○ ○ ○
　　　　　○○시 ○○구 ○○동 ○○번지
　　　　　주민등록번호　　　 －
　　　　　연 락 처 (02)　 －　 , (010)　 －

피고소인 ○ ○ ○ 외 1인
　　　　　○○도 ○○시 ○○동 ○○번지
　　　　　주민등록번호　　　 －
　　　　　연 락 처 (02)　 －　 , (010)　 －

　위 피고소인을 상해죄로 이 고소를 제기하오니 의법
처단하여 주시기 바랍니다.

고 소 사 실

　피고소인 등은 평소 불량한 자들로서 고소인이 ○○
년 ○월 ○일 오후 2 : 30분경 ○○시 ○○구 ○○
동 ○○갈비집앞 길을 지나가던 중 고소인에게 '너
어디서 사냐? 담배 한 대 줘라' 라고 반말을 하길래
당신이 나를 언제 보았기에 반말이냐고 하였더니 담배
한 대 달라는데 시비가 무슨 시비야 하면서 피고소인
등은 합세하여 고소인의 얼굴과 가슴을 수회에 걸쳐
구타하므로 고소인은 땅에 쓰러졌으나 그 후 정신을
차리고 일어서 본즉 다리와 가슴이 몹시 아파 병원에

가본즉 전치 2주를 요하는 전신타박상을 입었습니다.

　이로 인한 상해의 상처를 치료하는 치료비는 커녕 잘 못했다는 말 한마디 없는 피고소인 등을 엄중히 조사, 처벌하여 주시기 바랍니다.

　　　　　　　년　월　일

　　　　　　　위 고소인　○　○　○　㊞

○○경찰서　귀중

〈 고소장 〉 고소장(중상해)

고 소 장

고 소 인 ○ ○ ○
　　　　　○○시 ○○구 ○○동 ○○번지
　　　　　주민등록번호　　　　　-
　　　　　연 락 처 (02)　　-　　, (010)　　-

피고소인 ○ ○ ○
　　　　　○○도 ○○시 ○○동 ○○번지
　　　　　주민등록번호　　　　　-
　　　　　연 락 처 (02)　　-　　, (010)　　-

　위 피고소인을 중상해죄로 이 고소를 제기하오니 의법처단하여 주시기 바랍니다.

고 소 사 실

　피고소인은 20○○년 ○월 ○일 13 : 00경 ○○시 ○○구 ○○동 ○○번지 소재 ○○관광 앞길에서 고소인과 과거 사소한 감정을 이유로 고소인에게 엉뚱한 시비를 하면서 고소인에게 달려들어 두 주먹과 발로 마구 때려 고소인은 아랫배와 무릎을 다쳤으며 별첨진단서와 같이 고소인으로 하여금 전치 8주간의 가료를 요하는 상해를 입혔습니다.
　위 사실을 들어 고소하오니 엄벌에 처해주시기 바랍니다.

20〇〇년 월 일

위 고소인 〇 〇 〇 ⑩

〇〇경찰서장 귀중

〈고소장〉 고소장(업무상 과실치상)

고 소 장

고 소 인 ○ ○ ○
　　　　○○시 ○○구 ○○동 ○○번지
　　　　주민등록번호　　　　－
　　　　연 락 처 (02)　－　, (010)　－

피고소인 1. 직원 4명(성명불상)
피고소인 2. ○ ○ ○(○○지점 수리주임)
　　　　　한국전력 ○○지점 ○○출장소
　　　　　○○지점 ： 1234 － 5678
　　　　　○○출장소 ： 0987 －1234

　　위 피고소인등을 업무상 과실치상죄로 이 고소를 제
기하오니 의법처단하여 주시기 바랍니다.

고 소 사 실

1. 고소인은 ○○시 ○○구 ○○동 ○○번지에서 남편
　 ○○○와 ○○양복점을 경영하고 있는 자인데,
2. 피고소인등은 ○○영등포지점 ○○출장소 직원들로
　 서 20○○년 ○월 ○일에 ○○구 ○○동 번지미상
　 노상에 있는 가로수 정지(整枝) 작업을 하고 절단
　 한 가지등을 나무위에서 지면에 내려 집적하여 폐기
　 처분해야 함에도 불구하고 그 임무를 태만히 함으로
　 써 지나가는 행인(고소인)에게 전치 3주를 요하는

두부타박상 및 찢긴상처의 피해를 제공한 자임.

3. 고소인은 동일 16시경 위 장소를 정면으로 직시하고 보행중 난데없이 가로수 위에서 직경 약 5cm의 나뭇가지 3개가 고소인의 머리위에 떨어지면서 그 중 21개의 나뭇가지 절단부분의 예리한 부분이 고소인의 두부 중앙부 위에서 약간 좌측부분을 약 2cm 자상을 가하였습니다.

4. 사고현장 인근 주민들의 말에 의하면 당일 작업반원들이 작업을 마치고 가면서 절단한 나뭇가지를 나무 위에 방치하고 가는 것을 주민들이 지적하자 전시 작업반원들은 대답도 하지 않고 아니꼽다는 표정으로 눈을 흘기면서 그냥 가버렸다는 말을 고소인이 듣고 그 길로 ○○구 ○○동 ○○번지 소재 ○○병원에서 응급치료(봉합수술)를 하고 치료비조로 일금 40,000원을 지불하고 한전영등포지점을 찾아가서 그 피고소인에게 대책을 호소하였던 바, 그 피고소인은 미안하다는 말한마디 없이 자신의 감독확인의 책임을 은폐하고 약한 시민을 우격다짐으로 승복시켜 그 책임을 면탈할 목적으로 오히려 고소인이 재수가 없어서 그랬지, 이런 사고는 처음이라고 어불성설적 부당한 주장을 하였습니다. 고소인이 흥분하여 이를 반박하자 옆에 있던 성명미상의 직원이 시끄럽다는 고함을 치는 등 독점기업체의 고자세로 횡포를 부린 자들입니다.

5. 피고소인등은 다음날 오전중으로 고소인에 대한 입원조치등 대책을 강구하겠다고 약속을 하였음에도 이를 불이행하고 있으므로 이들이 또 다시 이러한 횡포를 또 다른 시민에게도 자행할 것이 너무나도 명약관화하므로 차제에 이들을 의법엄단하여 사회적

으로 경각심을 야기시켜 다시는 이런 일이 없도록
하기 위하여 이 고소에 이르렀습니다.

관계서류 : 1. 진단서   1부

            20○○년   월   일

                        위 고소인 ○ ○ ○ ㉑

○○경찰서 귀중

《 고소장 》 고소장(과실치상)

고 소 장

고 소 인 ○ ○ ○
　　　　○○시 ○○구 ○○동 ○○번지
　　　　주민등록번호 　　　 －
　　　　연 락 처 (02) 　 － 　, (010) 　 －

피고소인 ○ ○ ○
　　　　○○도 ○○시 ○○동 ○○번지(○○의원)
　　　　주민등록번호 　　　 －
　　　　연 락 처 (02) 　 － 　, (010) 　 －

　위 피고소인을 과실치상죄로 이 고소를 제기하오니
의법처단하여 주시기 바랍니다.

고 소 사 실

1. 고소인은 20○○년 ○월 ○일에 등산을 하였다가
　바위에서 넘어지면서 좌측슬개골이 일곱조각이 나는
　분쇄골절상을 입고 동행인의 도움을 받아 같은 동네
　에 있는 일반외과의사인 피고소인 경영 ○○의원에
　입원을 하였던 사실이 있습니다.
2. 피고소인은 동 상처부위의 종창이 가라앉을 때까지
　일주일간 일반적 외과치료를 하고 시내 모처에서 정
　형외과 전문의사라는 자를 초청해다가 고소인의 골
　절접합수술을 시술하였습니다.

그런데 피고소인은 수술이후의 조치를 게을리한 결과 환부가 화농하여 재수술을 하지 않으면 안될 지경에 이르렀는데 피고소인은 정형외과를 전공한 사실이 없는데도 불구하고 환자를 다른 병원으로 뺏기지 않을 욕심으로 계속 40일간을 독자적으로 치료를 한 결과 고소인은 수술시기를 상실하여 20○○년 ○월 ○일에 ○○시 ○○구 ○○동 소재 ○○병원 정형외과에서 좌측 다리의 굴절 운동기능 회복이 불가하다는 판정을 받고 고소인은 젊은 나이로서 앞날을 망치게 한 피고소인이 너무나 가증스럽고 원망스러워 이 고소를 제기하오니 피고소인을 엄히 수사하시어 엄벌에 처해주시기 바랍니다.

관계서류 : 정형외과 소견서   1부

　　　　　　　　20○○년   월   일

　　　　　　　　　　　위 고소인   ○   ○   ○   ㉑

○○경찰서   귀중

〈 고소장 〉 고소장(폭행치상)

고　소　장

고 소 인 ○　○　○
　　　　　○○시 ○○구 ○○동 ○○번지
　　　　　주민등록번호　　　　　－
　　　　　연 락 처 (02)　　－　　, (010)　－

피고소인 ○　○　○
　　　　　○○도 ○○시 ○○동 ○○번지
　　　　　주민등록번호　　　　　－
　　　　　연 락 처 (02)　　－　　, (010)　－

　위 피고소인을 폭행치상죄로 이 고소를 제기하오니 의법처단하여 주시기 바랍니다.

고 소 사 실

　피고소인은 평소 직업이 없이 방황하는 자로서, 20○○년 ○월 ○일 ○○시 ○○구 ○○동 ○○다방에서 밤 11 : 00시경 고소인이 차를 마시고 있던 중 술이 만취된 것처럼 행동하면서 너 이 자식 잘 만났다. ○○식당 주인이지. 우선 차 한잔 사라. 그리고 한잔하자고 하기에 댁이 누구시길래 느러느냐고 조심스럽게 나무라니까 건방진 자식 내가 누군줄 모른다고? 맛을 좀 보여주겠다며 무조건 두 주먹으로 안면 및 가슴을 쳐 고소인은 정신을 잃고 말았습니다. 옆사람들의 주선으로 병원에 입원되었는데 전치 4주를 요하는 안면타박상 및 오른쪽 고막이 파열된 상처를 입었으므로 억울함을 참을길 없어 고소하오니 처벌하여 주시기 바랍니다.

관계서류 : 1. 상해진단서   1부

20○○년   월   일

위 고소인   ○   ○   ○   ㉑

○○경찰서 귀중

《 고소장 》 고소장(폭행)

고　소　장

고 소 인 ○　○　○
　　　　　○○시 ○○구 ○○동 ○○번지
　　　　　주민등록번호　　　　　-
　　　　　연 락 처 (02)　-　, (010)　-

피고소인 ○　○　○
　　　　　○○도 ○○시 ○○동 ○○번지
　　　　　주민등록번호　　　　　-
　　　　　연 락 처 (02)　-　, (010)　-

　위 피고소인을 폭행죄로 이 고소를 제기하오니 의법 처단하여 주시기 바랍니다.

고 소 사 실

　피고소인은 동생 ○○○ 동 ○○○과 합동으로 20○○년 ○월 ○일 오전 11시경 ○○시 ○○구 ○○동 ○○번지에 있는 고소인이 경영하는 일미식당에 들어와서 외상으로 가져간 물품대금(100,000원)을 달라고 하기에 현재는 돈이 없으니 다음에 오면 주겠다고 하니까 당장 내놓으라고 하면서 욕설을 하고 고소인의 뺨과 머리채를 잡고 폭행을 가한 것입니다.
　위 사실을 들어 고소하오니 엄벌에 처해 주시기 바랍니다.

20〇〇년 월 일

위 고소인 〇 〇 〇 ㊞

〇〇경찰서 귀중

《 고소장 》 고소장(위증교사, 위증)

고　소　장

고 소 인 이 ○ ○
　　　　　○○시 ○○구 ○○동 ○○번지
　　　　　주민등록번호　　　　　－
　　　　　연 락 처 (02)　　－　　, (010)　　－

피고소인 김 ○ ○
　　　　　○○도 ○○시 ○○동 ○○번지
　　　　　주민등록번호　　　　　－
　　　　　연 락 처 (02)　　－　　, (010)　　－
　　　　　유 ○ ○
　　　　　○○도 ○○시 ○○동 ○○번지
　　　　　주민등록번호　　　　　－
　　　　　연 락 처 (02)　　－　　, (010)　　－

　위 피고소인을 위증교사 및 위증죄로 이 고소를 제기
하오니 의법처단하여 주시기 바랍니다.

고 소 사 실

1. 피고소인 김○○은 ○○시 ○○구 ○○동 ○○번지
　○○맥주홀을 경영하는 한○○의 내연의 처인 바,
　당시 ○○형사지방법원에 계속중인 위 한○○에 대
　한 강도피고사건에 있어서 같은 동에 사는 유○○
　가 증인으로 소환된 것을 알고 위 한○○를 위하여

유리한 허위진술을 시키기로 작정하고 ○○년 ○월 ○일 위 유○○을 한○○ 집으로 불러 피고소인 김○○이 주식을 권하면서 한○○에 대하여 강도사건으로 증인 심문을 받게 될 때에는 자기가 동년 ○월 ○일 오후 8 : 30경 위 ○○맥주홀에 갔을 때 한○○는 사무실에서 자기부인과 돈 때문에 이야기를 하고 있더라고 허위진술을 시켜서 위증을 교사하였고,

2. 피고소인 유○○은 위와 같은 부탁을 받자 위 사실이 전혀 허위인 줄 알면서 이를 수락하고 같은 달 ○월 ○일 위 한○○에 대한 강도피고 사건에 있어서 ○○지방법원 형사2단독 재판장 ○○○ 앞에서 동 사건의 증인으로 선서한 후 재판장으로부터 심문을 받을 때 위와 같이 의뢰받은 사실과 동 취지의 허위진술을 하여서 위증을 하였음.

20○○년   월   일

위 고소인 이 ○ ○ ㉑

○○지방검찰청 귀중

〈 고소장 〉 고소장(무고)

고 소 장

고 소 인 ○ ○ ○

　　　　○○시 ○○구 ○○동 ○○번지

　　　　주민등록번호 　　　　 －

　　　　연 락 처 (02) 　 － 　, (010) 　 －

피고소인 ○ ○ ○

　　　　○○도 ○○시 ○○동 ○○번지

　　　　주민등록번호 　　　　 －

　　　　연 락 처 (02) 　 － 　, (010) 　 －

　위 피고소인을 무고죄로 이 고소를 제기하오니 의법 처단하여 주시기 바랍니다.

고 소 사 실

　피고소인은 ○○시 ○○구 ○○동 ○○번지에서 철 공소를 경영하고 있는 자로서 20○○년 ○월 ○일 자 기집 철공소에서 불이 나 인근가옥 6동이 불에 탔으므 로 피고소인 일가에 대한 인근주민의 원성이 높아 부 득이 다른 곳으로 이사할 수 밖에 없었습니다. 그런데 고소인과 과거부터 사이가 좋지 않으므로 고소인이 방 화한 사실이 없음을 알고 있으면서도 위 화재는 고소 인의 방화에 의하여 일어났다고 근거도 없는 사실을 수사기관에 신고하였으며 고소인으로 하여금 형사처분

을 받게 하여 자기의 평소의 울분을 달래고 동시에 화
재가 방화인 것처럼 인근에 퍼뜨려 자기집에 대한 비
난을 모면할 생각을 하고 같은 달 20일 ○○검찰청에
또한 ○○경찰서에 화재는 방화이며 그 범인은 고소인
이라는 맹랑한 사실을 기재한 서신 3통을 작성하여 우
편으로 발송하여 위 편지가 같은 달 30일 각각 도착
케 하여서 고소인이 방화자라는 허위 사실을 신고하여
고소인을 무고한 것이다.

20○○년   월   일

위 고소인   ○   ○   ○ ㉕

○○경찰서   귀중

〈 고소장 〉 고소장(부동산중개업법 위반)

고 소 장

고 소 인 ○ ○ ○
          ○○시 ○○구 ○○동 ○○번지
          주민등록번호   –
          연 락 처 (02)   –   , (010)   –

피고소인 ○ ○ ○
          ○○도 ○○시 ○○동 ○○번지
          주민등록번호   –
          연 락 처 (02)   –   , (010)   –

   위 피고소인을 부동산중개업법 위반으로 이 고소를 제기하오니 의법처단하여 주시기 바랍니다.

고 소 사 실

1. 고소인은 주소지에 거주하는 가정주부이고, 피고소인은 ○○구 ○○동 소재 ○○번 버스종점에서 ○○부동산이란 상호로 부동산 중개업소의 보조원으로 재하는 자로서,
2. 고소인은 20○○년 ○월경 피고소인의 소개로 현 주소지로 이주하게 된 관계로 알게 되었는데, 피고소인은 이를 기회로 고소인에게 자주 전화를 걸고 저렴한 땅이 있으니 중개하겠다고 성화이므로 동년 ○월 ○일에 피고소인을 만났던 바, 시내 ○○구 ○

○동 ○○번지 거주 ○○○가 ○○도로확장공사로 당국으로부터 철거에 따르는 대토권이 부여되었는데 이를 사서 두면 얼마가지 않아 몇 배의 이득을 득할 수 있겠고 아니면 집을 지어서 살아도 좋다고 감언이설로 속이고, 즉 사실상에는 아파트 추첨권임에도 대토권이라고 사회물정에 대해서 아무것도 모르는 가정주부인 고소인으로 하여금 중개대상물의 정확한 고지없이 고소인의 판단을 흐리게 하여 무려 1,200만원이라 판매대금을 받아 착복하고 금일 현재까지 만나주지도 않고 피해 다니는 자이오니 체포하시어 법이 적용되는 한 엄벌에 처해주시기 바라며 이 고소에 이르렀습니다.

관계서류 : 계약서 및 영수증 사본 각 1매

20○○년   월   일

위 고소인   ○   ○   ○ ㊞

○○경찰서장   귀하

고 소 장

고 소 인 ○ ○ ○
　　　　○○시 ○○구 ○○동 ○○번지
　　　　주민등록번호 　　　－
　　　　연 락 처 (02) 　 － 　 , (010) 　 －

피고소인 1. ○ ○ ○
　　　　○○도 ○○시 ○○동 ○○번지
　　　　주민등록번호 　　　－
　　　　연 락 처 (02) 　 － 　 , (010) 　 －

피고소인 2. ○ ○ ○
　　　　○○도 ○○시 ○○동 ○○번지
　　　　주민등록번호 　　　－
　　　　연 락 처 (02) 　 － 　 , (010) 　 －

　위 피고소인등을 사기 및 관명사칭죄로 이 고소를 제기하오니 의법처단하여 주시기 바랍니다.

고 소 사 실

1. 고소인은 주소지에서 평화통일정책 자문위원직 및 반공활동 및 홍보분과 위원직에 재하는 자인 바,
2. 위 피고소인 등은 사단법인 공산권 문제연구소라는 단체를 설립하고 위 1피고소인을 이사장직에, 2피고소인을 부이사장직에 각각 취임한 후, 설립 본연

의 목적과는 달리 사회적으로 부정과 사기행위를 자행하고 심지어 국자정보원의 관명까지 사칭하면서 지방에서 올라온 뜻있는 인사들을 대상으로 사기행각을 상습하자 20○○년 ○월 ○일자 문화관광부로부터 허가취소된 사실이 있습니다.

3. 고소인은 위와 같은 사실을 전연 모르고 20○○년 ○월 ○일에 상경하여 피고소인 등과 사업에 관한 의견을 교환하고 피고소인 등은 고소인을 충남 서부지역 지부장으로 임명하겠다면서 계약금조(보증금)라는 명목으로 금 100만원을 요구, 이를 받아 착복한 자들입니다.

4. 그런데 피고소인 등은 위 100만원의 영수증을 작성하면서 위 단체가 허가취소당한 날짜인 20○○년 ○월 ○일자로 소급 부실기재하여 고소인에게 수교하고 고소인은 무심코 이를 받았었는데 피고소인 등은 ○월 ○일에 받아서 위 단체 해체비용에 합법적으로 사용했다고 허위주장을 하면서 계획적으로 법을 교묘히 악용하여 위 사취금의 반환을 거절하고 있으므로 경찰당국은 이들에게 법의 엄정함을 주지시켜 반성과 아울러 다시는 선의의 피해자가 발생하지 않도록 예방경찰에 참고해 주시기 바라며 이 고소를 제기하는 바입니다.

관계서류 : 계약서 및 영수증 각 1부

20○○년   월   일

고소인 ○ ○ ○ ㊞

○○경찰서장 귀하

《 고소장 》 고소장(특정범죄가중처벌법 위반)

고 소 장

고 소 인 ○ ○ ○
　　　　○○시 ○○구 ○○동 ○○번지
　　　　주민등록번호　　　　－
　　　　연 락 처 (02)　　－　　, (010)　－

피고소인 1. ○ ○ ○
　　　　○○도 ○○시 ○○동 ○○번지
　　　　주민등록번호　　　　－
　　　　연 락 처 (02)　　－　　, (010)　－
피고소인 2. 성명미상
피고소인 3. 성명미상

　　위 피고소인등을 특정범죄가중처벌법 위반으로 이 고
소를 제기하오니 의법처단하여 주시기 바랍니다.

고 소 사 실

1. 고소인은 20○○년도에 고등학교를 졸업하고 현재
　　대학입시준비차 시내 고속버스터미널 부근에 있는
　　○○학원에 통학중에 있는데,
2. 피고소인 등은 서로 공모하여 범죄단체를 조직하고,
　　학생들이 왕래하는 길목을 전전하면서 학생들을 상
　　대로 폭행 및 금품요구를 상습하는 자들인 바,
3. 피고소인 등은 서기 20○○년 ○월 ○일 16 : 00

경 고소인이 학업을 마치고 돌아가는 길에 전시터미
널 앞 공중전화 박스앞을 지나가는데 피고소인 3인
중 한 사람이 고소인을 공중전화박스 뒤편으로 끌고
가서 복부상단(명치) 급소를 수회 구타하고 금품을
요구하며 다시 지하상가로 끌고 내려가서 오락실에
들어가 중학생을 상대로 금품을 갈취해 오지 않으면
죽이겠다고 협박하므로 고소인은 부득이 오락실안으
로 들어가서 중학생 한 명에게 위 사실을 은밀히 알
려주면서 중학생을 끌고 나와 금품을 요구하는 척
할 터이니 동료 중학생 한 명은 112에 신고를 하라
고 일렀으나 그 중학생이 겁을 먹고 도주하자 피고
인 등은 합세하여 고소인에게 폭행을 가하여 전치
2주를 요하는 상해까지 가한 자들입니다.

20○○년   월   일

위 고소인 ○ ○ ○ ㉑
위 고소대리인 ○ ○ ○ ㉑

○○경찰서장 귀하

〈 고소장 〉 고소장(사기)

고　소　장

고 소 인 ○　○　○
　　　　　○○시 ○○구 ○○동 ○○번지
　　　　　주민등록번호　　　　　－
　　　　　연 락 처 (02)　　 － 　, (010)　 －

피고소인 1. ○　○　○
　　　　　○○도 ○○시 ○○동 ○○번지
　　　　　주민등록번호　　　　　－
　　　　　연 락 처 (02)　　 － 　, (010)　 －

피고소인 2. ○　○　○ (여) ○○세
　　　　　주소불상

피고소인 3. ○　○　○ (남) ○○세
　　　　　주소불상

　위 피고소인등을 사기죄로 이 고소를 제기하오니 의법처단하여 주시기 바랍니다.

고 소 사 실

1. 고소인은 가정집 처녀며, 2 및 3 피고소인은 내연의 관계에 있고 2피고소인은 1피고소인의 누님인 바,
2. 고소인은 위 2, 3 피고소인 등을 우연히 알게 되어 2피고소인은 자기 동생을 혼인중매하겠다고 하여

서기 20○○년 ○월 ○일에 1피고소인과 맞선을
보고 동년 ○월 ○일에 약혼식까지 한 사이입니다.

3. 1피고소인은 직업이 일반선원임에도 선장직에 재직
하고 있고 앞으로 제주도에서 위 3피고소인과 유람
선 사업을 하도록 모든 조치가 완료되었으니 원양선
은 앞으로 타지 않을 것이고, 또 충남 천원군 소재
독립기념관 부지부근에 수천평 짜리 상가건립이 추
진중인 바 이에도 자신이 투자를 하였다고 감언이설
로 고소인을 속이고 약혼까지 성립케 한 후 이번에
마지막으로 원양선을 동년 20○○년 ○일에 승선하
니 명년에 귀국하여 결혼식을 올리자고 하면서 시내
○○구 소재 상호미상의 모텔로 유인하여 서로 마
음이 변치 않는다는 정표라면서 고소인을 간음하고,
다음날에 전시 2, 3피고소인이 급히 금 300만원이
필요하니 10일간만 쓰고 돌려주겠다고 속여 고소인
으로부터 위 금원을 받아 2,3피고소인 등에게 제공
하여 출국한 자입니다.

4. 그런데 2,3피고소인 등은 위 금원을 1피고소인으로
부터 받은 것이 사실임에도 이를 반환하지 않을 뿐
만 아니라 위 돈에 대해서 전연 아는 바 없다고 잡
아 떼기 때문에 이들의 정체를 확인해 본 결과 상습
적으로 사기꾼들로 판명되어 이 고소를 제기하니 수
배 일망타진하여 법이 적용하는 한 엄벌에 처해주시
기 바랍니다.

20○○년   월   일

위 고소인 ○ ○ ○ ㉑

○○경찰서장 귀하

《 고소장 》 고소장(미성년자등에 간음)

고　소　장

고 소 인 ○　○　○(18세)
　　　　　○○시 ○○구 ○○동 ○○번지
　　　　　주민등록번호　　　　－
　　　　　연 락 처 (02)　 －　 , (010)　 －

피고소인 ○　○　○
　　　　　○○도 ○○시 ○○동 ○○번지
　　　　　주민등록번호　　　　－
　　　　　연 락 처 (02)　 －　 , (010)　 －

　위 피고소인을 미성년자등에 관한 간음죄로 이 고소를 제기하오니 의법처단하여 주시기 바랍니다.

고 소 사 실

1. 고소인은 고향인 ○○에서 고등학교를 중퇴하고 상경하여 현주소에 거주하면서 편의점 아르바이트에 종사하고 있는 자인데, 고소인은 20○○년 ○월경 친구와 ○○시 ○○구 ○○동에 있는 ○○식당에 들렀다가 위 피고소인을 알게 되었는 바,
2. 피고소인은 총각이라고 사칭하면서 고소인에게 자주 연락하여 만나서 결혼을 하자고 꼬이고 동년 ○월 초순경에는 ○○구 ○○동 소재 ○○모텔로 유인하여 하루빨리 어린애를 출산해서 같이 살자면서 고소

인을 간음하고

3. 피고소인은 동년 ○월 중순경에 고소인의 부모한테까지 와서 인사를 하고 결혼을 하고 동거생활을 하겠으니 방 1칸을 달라는 부탁까지 하여 고소인의 전가족이 믿도록 하고 금일 현재까지 고소인의 정조를 유인하여 온 자입니다.

4. 고소인은 금년 6월에 임신을 하여 현재 5개월에 이르는 바, 알고보니 피고소인은 1남 1녀의 가장인 유부남으로서 위와 같은 범행을 자행하였고 뻔뻔스럽게 처가 안 이상 처의 승낙을 받아 같이 살자는 등, 추호에도 반성함이 없을 뿐만 아니라 한 인생을 망쳐 놓고도 뉘우침이 없는 자이므로 이 고소를 제기하오니 법이 적용하는 한 엄벌에 처해주시기 바랍니다.

20○○년   월   일

위 고소인 ○ ○ ○ ⑩

○○경찰서장 귀하

《 고소장 》 고소장(주거침입)

고　소　장

고 소 인 ○　○　○
　　　　　○○시 ○○구 ○○동 ○○번지
　　　　　주민등록번호　　　　　－
　　　　　연 락 처 (02)　　－　　, (010)　　－

피고소인 ○　○　○
　　　　　○○도 ○○시 ○○동 ○○번지
　　　　　주민등록번호　　　　　－
　　　　　연 락 처 (02)　　－　　, (010)　　－

　위 피고소인을 주거침입죄로 이 고소를 제기하오니
의법처단하여 주시기 바랍니다.

고 소 사 실

　피고소인은 ○○시 ○○구 ○○동 ○○번지에 있는
재건대원으로 각처에 버려진 종이·고물 등을 수집하는
자로서 20○○년 ○월 ○일 오후 10시경 평소 알게
된 ○○○의 딸을 간음할 목적으로 ○○시 ○○구 ○
○동 ○○번지에 침입하였고 ○○○에 발각, 퇴거를
명하였으나 이에 불응하며 20분 동안 난동을 부렸습니
다.
　위 사실을 고소하오니 엄중하게 처벌하여 주십시오.

20○○년 월 일

위 고소인 ○ ○ ○ ㉙

○○경찰서장 귀하

고 소 장

고 소 인 ○ ○ ○
　　　　○○시 ○○구 ○○동 ○○번지
　　　　주민등록번호　　　　　－
　　　　연 락 처 (02)　　－　　, (010)　－

피고소인 ○ ○ ○
　　　　○○도 ○○시 ○○동 ○○번지
　　　　주민등록번호　　　　　－
　　　　연 락 처 (02)　　－　　, (010)　－
피고소인 성명미상
　　　　주소, 연락처 미상

　　위 피고소인등을 간통죄로 이 고소를 제기하오니 의법처단하여 주시기 바랍니다.

고 소 사 실

　　위 고소인과 피고소인 ○○○는 11년전에 혼인하여 법률상 부부지간인 바, 피고소인은 결혼초기부터 잦은 외박을 하면서 불성실한 생활을 하고 있다가 20○○년 ○월 초순경 위 성명미상의 피고소인은 전화편으로 고소인에게 할 말이 있으니 만나자고 하여 고소인의 남편과 불륜관계를 맺어오다가 임신까지 하여 유산을 한 사실이 있다고 자백하므로 고소인은 남편으로부터

자백을 받아 확인을 하고 고소인은 남편과 더 이상 원
만한 혼인생활을 기대하기가 어렵다고 판단한 결과 이
혼심판청구와 아울러 이 고소를 제기하는 바이오니 의
법처단하여 주시기 바랍니다.

관계서류 : 이혼심판청구서 접수증　　　　　　1부

　　　　　　　　20○○년　월　일

　　　　　　　　위 고소인　○　○　○　㊞

○○경찰서　귀중

《 고소장 》 고소장(출판물에 의한 명예훼손)

고 소 장

고 소 인 ○ ○ ○
　　　　　○○시 ○○구 ○○동 ○○번지
　　　　　주민등록번호　　　　　　－
　　　　　연 락 처 (02)　　－　　, (010)　　－

피고소인 ○ ○ ○
　　　　　○○도 ○○시 ○○동 ○○번지
　　　　　주민등록번호　　　　　　－
　　　　　연 락 처 (02)　　－　　, (010)　　－

　위 피고소인을 출판물에 의한 명예훼손죄로 이 고소를 제기하오니 의법처단하여 주시기 바랍니다.

고 소 사 실

　피고소인은 전직기자로서 주로 경제문제를 담당하여 종사한 경력을 되살려 20○○년 ○월부터 신문사, 잡지사 등에 주로 경제에 관한 투고를 하는 자로서 고소인을 비방할 목적으로 20○○년 ○월 ○일 발행한 월간잡지 "한국경제인"의 제21페이지에서부터 30페이지에 「경제와 정치를 농락하는 천지재벌」이라는 제목아래 자유당을 엎고 또한 민주당도 엎었다. 그 어용재벌은 전국에 지점망을 갖고 있으며 자유당 시절에도 제2인자적인 역할을 하여 가지각색의 경제와 정치를

농락하였는데 자유당이 무너지고 제2공화국인 민주당
이 정권을 잡았어도 천지재벌은 더욱 성장만 할 뿐이
다.

　자유당 정치의 부정과 부패의 결정체인 천지재벌은
누구하나 손을 못대고 다른 몇몇 소재벌은 공민권마저
박탈하는 무모한 짓을 서슴치 않고 자행하고 있다는
등 지금도 천지재벌은 민주당 정권천하에서 하였듯 그
것 못지 않게 더욱 횡포를 감행하고 있으며 심지어 ○
○은행의 총주식의 80%를 쥐고 완전히 개인금고처럼
사용하고 있으며 ○○은행의 주식도 55%를 장악하여
2개은행의 자금을 자신의 기업을 운영하는데 사업자금
으로 활용하고 있다.

　그나마 인사권을 쥐고 있으므로 대출한도의 할당권마
저 쥐고 은행운영권을 장악하고 있는가 하면 ○○은행
총재마저 자기사람을 천거하여 집어넣고 금융통화위원
회에서 다수권을 행사하여 금융정책마저 농락하고 있
는 실정이다.

　물론 자유당시절에 정치자금 자체가 천지재벌에서
나왔다는 사실은 만인이 다 아는 사실이지만 민주당
천지재벌에게 특혜를 주면서 그 품안에서 놀 줄이야
누가 알았는가 하는 기사를 써 "한국경제"란 책자에
실었으나 이 사실은 전부 다 사실무근이며,

　고소인은 연간 외화취급액이 2천만불이고 원당도입
액이 연평균 334만불이며, 대출액 총액만도 금 350억
원이고 ○○년 ○월 ○일 현재의 대출잔고는 80억원
으로서 ○○은행 총대출 잔고 100억의 7.8%에 불과
하여 대기업으로서 기업규모에 따른 정당한 융자를 받
았을 뿐 특혜융자를 전연 받은 바 없으며 ○○은행에
대한 의존도도 ○○년 ○월 ○일 현재 6.8%에 지나

지 않으며 정치와 경제에 대하여 농락한다고 하나 고
소인은 정치자금은 다소 전달했을 뿐 전연정치에 간섭
을 청한 사실이 없음을 자명한 사실이다. 그런데도 피
고소인은 허위보도를 기재하여 고소인을 출판물에 의
해서 명예를 훼손시킨 것이므로 이 고소를 제기하는
바이오니 의법처단하여 주시기 바랍니다.

　　　　　　　20○○년　월　일

　　　　　　　　　위 고소인　○　○　○　㊞

○○경찰서　귀중

《 고소장 》 고소장(명예훼손)

고 소 장

고 소 인 ○ ○ ○
　　　　○○시 ○○구 ○○동 ○○번지
　　　　주민등록번호　　　　　-
　　　　연 락 처 (02)　　-　　, (010)　-

피고소인 ○ ○ ○
　　　　○○도 ○○시 ○○동 ○○번지
　　　　주민등록번호　　　　　-
　　　　연 락 처 (02)　　-　　, (010)　-

　위 피고소인을 명예훼손죄로 이 고소를 제기하오니
의법처단하여 주시기 바랍니다.

고 소 사 실

　피고소인은 한국문제연구소 추진위원으로서 20○○
년 ○월 ○일 ○○시 ○○구 ○○5가 ○○루 2층에
서 한국문제연구소에 대하여 정기총회가 있었는데 그
당시 고소인이 정신개조와 근면에 대하여 고소인의 생
각을 피력하고자 피고소인과 견해가 달라 서로가 언쟁
이 되어 그곳에 모인 회원 100여명이 만류하여 언쟁
을 중단하려고 하는데 피고소인은 고소인에 대하여 과
거 북한에서 공산당관계에 손을 댄 자로서 사상이 의
심스러우며 저자가 김정일의 명에 의하여 한국으로 월

남한 자가 아닌가 조사해 볼 필요가 있다고 큰 소리로 외치며 타인들의 동조를 구하고 있는 실정이었다.

고소인은 알지도 못한 허위사실을 이야기하여 고소인은 명예를 훼손하였으므로 고소를 제기하오니 엄중히 조사하여 주시기 바랍니다.

20○○년   월   일

위 고소인   ○   ○   ○ ㉑

○○경찰서 귀중

(고소장) 고소장(모욕)

고 소 장

고 소 인 ○ ○ ○
　　　　○○시 ○○구 ○○동 ○○번지
　　　　주민등록번호　　　　 －
　　　　연 락 처 (02)　 － 　, (010)　 －

피고소인 ○ ○ ○
　　　　○○도 ○○시 ○○동 ○○번지
　　　　주민등록번호　　　　 －
　　　　연 락 처 (02)　 － 　, (010)　 －

　위 피고소인을 모욕죄로 이 고소를 제기하오니 의법 처단하여 주시기 바랍니다.

고 소 사 실

　피고소인은 ○○시 ○○구 ○○동 ○○번지 ○○양품점 주인으로서 20○○년 ○월 ○일 고소인이 위 양품점에 T셔츠를 사려고 들어 갔었는데 마침 5~6명의 고객이 몰려와서 물건을 사려고 하고 있었습니다.
　고소인은 마음에 드는 T셔츠를 추려 주인에게 얼마냐고 값을 물었더니 10,000원이라 하여 현재 시세보다 비싸기에 7,000원만 하자고 하니까 당신 도둑질해서 밥먹고 살지요? 우리 양품점은 물건팔아서 먹고 삽니다. 공짜로 주는 데가 있으면 그곳으로 가 보시오

하기에 하도 어이가 없던 중 옆 고객들이 고소인을 도
둑놈으로 오인, 모두가 밖으로 뛰쳐 나가면서 우리 돈
을 훔치러 왔는 모양이지 하면서 수근거렸습니다. 위와
같이 피고소인은 고소인을 모욕하였으므로 이 분함을
참을 수 없어 고소를 제기하오니 처벌하여 주시기 바
랍니다.

20○○년   월   일

위 고소인   ○   ○   ○   ㉑

○○경찰서   귀중

《 고소장 》 고소장(신용훼손)

고 소 장

고 소 인 ○ ○ ○
　　　　○○시 ○○구 ○○동 ○○번지
　　　　주민등록번호　　　 －
　　　　연 락 처 (02) 　 － 　 , (010) 　 －

피고소인 ○ ○ ○
　　　　○○도 ○○시 ○○동 ○○번지
　　　　주민등록번호　　　 －
　　　　연 락 처 (02) 　 － 　 , (010) 　 －

　위 피고소인을 신용훼손죄로 이 고소를 제기하오니
의법처단하여 주시기 바랍니다.

고 소 사 실

　고소인은 ○○시 ○○구 ○○동에서 기계설비업을
영위하고 있으며 피고소인 ○○○도 같은 동에서 고소
인과 같은 업종에 종사하고 있습니다.
　고소인 업소와 피고소인 업소는 같은 지역안에 동일
한 업무를 보고 있는 특성 때문에 평소 경쟁의식이 강
하고 서로 견제하고 있습니다.
　고소인 업소는 I경제위기 속에서도 꾸준히 거래처를
확보·유지하여 성장하고 있습니다. 피고소인 업소는 고
소인의 업소가 경제위기에 아랑곳하지 않고 꾸준히

발전하는 것을 시기하여 고소인의 신용을 떨어뜨릴려고 20○○.○.○경 고소인의 협력업체 '(주)○○'과 '○○주식회사'에 고소인의 업소의 경영이 부실하여 어음 부도가 속출하고 있어 얼마가지 않아 문을 닫게 될 것이니 참작하는 것이 좋을 것이라고 허위의 사실을 유포하여 고소인의 신용을 훼손시켰습니다.

이에 고소인은 피고소인을 법으로 엄중 처벌할 것을 바라오며 본 고소장을 제출합니다.

년 월 일

위 고소인 ○ ○ ○ ㊞

○○경찰서장 귀중

《 고소장 》 고소장(직권남용, 감금)

고 소 장

고 소 인 ○ ○ ○
　　　　○○시 ○○구 ○○동 ○○번지
　　　　주민등록번호　　　　-
　　　　연 락 처 (02)　　-　　, (010)　　-

피고소인 ○ ○ ○
　　　　○○도 ○○시 ○○동 ○○번지
　　　　주민등록번호　　　　-
　　　　연 락 처 (02)　　-　　, (010)　　-
　　　　○ ○ ○
　　　　○○도 ○○시 ○○동 ○○번지
　　　　주민등록번호　　　　-
　　　　연 락 처 (02)　　-　　, (010)　　-

　위 피고소인등을 직권남용 및 감금죄로 이 고소를 제
기하오니 의법처단하여 주시기 바랍니다.

고 소 사 실

　피고소인은 ○○세관 감시과에 근무한 자들로서 즉
임무는 관세 범칙자 검거 또는 수사 사건위반자 취조
사무를 담당하고 동 직무상 동사건 위반피의자 등에
대하여 인신구속에 관한 직무를 행하는 사법경찰관 직
무 취급자 등인 바, 관세법 위반자를 검거, 보상금을

탈 목적으로 피고소인 등을 공모하여 직권을 남용한 사실이 있습니다.

1. 20○○년 ○월 ○일 오후 7시경 김포세관으로 출두하라는 명을 받고 고소인은 ○○세관 사무실로 갔었습니다. 그런데 미군 P.X.에서 LED 텔레비전 3대를 사서 다른 사람에게 매각하고도 소정관세를 포탈하였으니 당신을 체포한다고 말한 후 고소인에게 수갑을 채워서 불법으로 체포하기에 법원에서 발부한 구속영장을 제시하라고 하였으나 들은 척도 하지 않고 고소인을 ○○년 ○월 ○일 오후 7 : 10부터 동년 ○월 ○일까지 동 세관 숙직실에 구금하였으니 불법감금한 사실이 확실하며,

2. 20○○년 ○월 ○일 고소인을 불법감금 조사중 위 혐의사실을 자백치 않으니피고소인들의 생각대로 되지 않자 고소인으로부터 자백을 강요하여야만 된다고 믿어 방법을 연구중 사건과는 아무런 관계도 없어 고소인이 경영하는 양품점을 수색하여 사건화 하는 것 같이 위협함으로써 고소인으로 하여금 당황케 하여 위 죄의 사실을 자백케 할 목적으로 법원에서 발부받은 영장이 없음은 물론 정식 입건의 절차 및 상사에게 보고도 없이 ○○시장에 있는 고소인의 점포에 이르러 고소인 소유임을 확인하고 동 점포 점원인 ○○○ 및 고소인의 처 ○○○에게 ○○○ (고소인)는 관세법 위반으로 형사책임을 받아야 하며 최하 징역 5년은 살아야 되고 이 ○○○도 공범으로 입건조치하겠다고 엄포를 하였습니다.

3. 그 후 20○○년 ○월 ○일 오후 2시에 피고소인들은 지프차를 타고 와서 위 ○○○ 및 ○○○을 불법으로 연행하였고 동일 7시(오후)에는 ○○세관식

으로 진열장에다 봉인을 붙였고 불법압수를 하여 각
의무없는 일에 응하게 하였으며 그날부터 위 점포를
폐쇄케 하여 영업을 못하게 하는 등 갖은 수법을 사
용하였습니다.

고소인 가족들은 놀라 앞으로의 일이 두려운 나머지
피고소인들의 말을 들어 주기로 결심하고 위 벌금담
보조로 20○○년 ○월 ○일 오후 3시에 금 100만
원을 피고소인등에게 교부하였습니다.

이 모든 것은 공무원이 직권을 남용하여 고소인으로
하여금 의무없는 일을 행하게 함으로써 또한 권리행
사를 방해하였다고 생각되어 고소하오니 엄중히 조
사하여 처벌하여 주시기 바랍니다.

20○○년   월   일

위 고소인 ○ ○ ○ ㉑

○○경찰서 귀중

《 고소장 》 고소장(사기)

고　소　장

고 소 인 ○　○　○
　　　　○○시 ○○구 ○○동 ○○번지
　　　　주민등록번호　　　　 －
　　　　연 락 처 (02)　 －　 , (010)　 －

피고소인 ○　○　○
　　　　○○도 ○○시 ○○동 ○○번지
　　　　주민등록번호　　　　 －
　　　　연 락 처 (02)　 －　 , (010)　 －

　위 피고소인을 사기죄로 이 고소를 제기하오니 의법
처단하여 주시기 바랍니다.

고 소 사 실

　피고소인은 미국 ○○대학 경제과를 졸업한 자이며
20○○년 ○월경 농림수산부산하 농촌진흥청에서 주
사로서 근무한 경력이 있습니다. 현재는 직업없이 노는
자로서 20○○년 ○월 ○일 고소인과 문화사업을 동
업하자고 제의하여 고소인도 사업을 하고자 물색중이
므로 순순히 수락한 사실이 있습니다. 그런데 피고소인
이 외국영화를 수입하여 흥행하면 필연적으로 돈은 벌
기 마련이니 프랑스 영화 "○○○○"을 수입하자고
하여 서로간에 의견의 일치가 되었으나 피고소인은 자

기 여동생과 짜고 고소인의 돈을 편취할 것을 기도한
나머지 동년 ○월 ○일 고소인에게 말하기를 위 영화
를 수입한다 하더라도 그 영화 상영권인 "쿼터"가
있어야 되는데 다행하게도 20○○년 ○월에 상영할
수 있는 "쿼터"를 한국영화사에서 사놓았다. 당시
돈이 없어 이자돈을 얻어서 사놓았으니 그 돈도 빨리
갚아야 된다면서 피고인은 피고소인에게 금 100만원
을 내 놓으라고 하여 20○○년 ○월 ○일 금 100만
원을 주었으며 외화가 수입되면 검열이 끝나야만 빨리
상영할 수 있다.

그래서 우리는 미리 검열교제비를 지급해야 한다면서
고소인에게 50만원을 요구하기에 순순히 믿고 20○○
년 ○월 ○일 위 금원을 ○○2가 ○○다방에서 준 바
있습니다. 그러나 ○월 ○일이 경과되어 수입 영화의
수속을 알아 본 결과 현재까지도 아무런 수속도 밟지
않고 있으며 후에 안 일이지만 고소인의 돈을 받아 가
지고 유흥비에 낭비하였고 위 사실은 모두가 거짓으로
판명되었기에 앞으로 사회정화를 위하여 고소를 하는
바입니다.

관계서류 : 영수증   각1통
          진술서   각○통

          20○○년   월   일

              위 고소인 ○ ○ ○ ㉑

○○경찰서 귀중

〈고소장〉 고소장(업무상 위력에 의한 간음)

고 소 장

고 소 인 ○ ○ ○
　　　　　○○시 ○○구 ○○동 ○○번지
　　　　　주민등록번호　　　　－
　　　　　연 락 처 (02) 　－ 　, (010) 　－

피고소인 ○ ○ ○
　　　　　○○도 ○○시 ○○동 ○○번지
　　　　　주민등록번호　　　　－
　　　　　연 락 처 (02) 　－ 　, (010) 　－

　위 피고소인을 업무상 위력에 의한 간음죄로 이 고소를 제기하오니 의법처단하여 주시기 바랍니다.

고 소 사 실

1. 고소인은 20○○년 ○월에 ○○여자상업학교를 졸업하고 동년 ○월 ○일에 위 회사경리 보조원으로 취업을 하였는 바,
2. 피고소인은 위 회사 사장의 동생으로 업무과장직에 재하는 자로서 평소 고소인에게 업무를 도와주는 등 친절히 하며 접근하여,
3. 피고소인은 동년 7월 초순경, 고소인에게 여자 친구 3인을 데리고 오면 좋은 곳에 구경시켜 주겠다고 속이고 여의도에 있는 나이트클럽으로 유인하여 춤

을 추며 고의적으로 시간을 지연시켜 다음날 02시 경에 이르러 위 3인 여자 친구들은 집으로 빨리 가 라고 한 후 밤이 늦었으니 친구집에 가서 방이 많으 니 가자고 위계로서 속이고 소재미상의 모텔로 강제 로 끌고 들어가서 "나와 결혼을 하자! 말을 듣지 않으면 당장 회사에서 내보내겠다"는 등의 상위직 의 위력으로 간음을 한 자입니다.

4. 그 뿐만 아니라 고소인의 언니가 피고소인을 만나 동생의 신상을 책임지라고 요구하자 "고소인을 건 드린 사실이 없다"고 잡아떼는가 하면 "고소인에 게 돈을 주고 건드렸다"는 등, 법대로 하라고 오히 려 협박을 하며 폭언까지 하므로 고소인은 수치감을 무릅쓰고 이 고소를 제기하오니 예의 수사하시어 진 상이 밝혀지는 한 엄중한 처벌을 가해주시기 바라는 바입니다.

20○○년 월 일

위 고소인 ○ ○ ○ ㊞

○○경찰서장 귀하

《 고소장 》 고소장(협박)

고 소 장

고 소 인 ○ ○ ○
     ○○시 ○○구 ○○동 ○○번지
     주민등록번호   -
     연 락 처 (02) - , (010) -

피고소인 ○ ○ ○
     ○○도 ○○시 ○○동 ○○번지
     주민등록번호   -
     연 락 처 (02) - , (010) -

위 피고소인을 협박죄로 이 고소를 제기하오니 의법 처단하여 주시기 바랍니다.

고 소 사 실

피고소인은 전처와 이혼하고 독신생활을 하고 있는 자로서 ○○시 ○○구 ○○동 ○○번지 고소인의 가에 살고 있는 ○○○과는 친구 사이로서 3차에 걸쳐 놀러온 사실이 있다. 그런데 피고소인은 고소인이 혼자 사는 것을 기화로 20○○년 ○월 ○일 밤 12시에 벨을 눌러 사람을 찾기에 나가 보았더니 급한 용무가 있으니 이야기 좀 하자고 하여 방으로 같이 들어 갔었습니다.

그런데 갑자기 나는 혼자 살고 있으니 같이 사귀는

것이 어떠냐고 하기에 나는 아직 그런 짓을 할 수 없
다고 하자 만약 당신이 나와 같이 사귀지 않으면 당신
의 남자관계를 모두 폭로하겠으며 이 동리에서 못살게
만들겠다고 협박하므로 고소인은 그런 말만은 하지 말
라고 애원하였으나 당신이 이 동네에서 얼굴을 들고
살 수 없도록 하겠다고 협박을 가했습니다.

20○○년   월   일

위 고소인   ○   ○   ○   ㊞

○○경찰서   귀중

고 소 장

고 소 인 ○ ○ ○
　　　　○○시 ○○구 ○○동 ○○번지
　　　　주민등록번호　　　　　－
　　　　연 락 처 (02)　　　－　　，(010)　　－

피고소인 ○ ○ ○
　　　　○○도 ○○시 ○○동 ○○번지
　　　　주민등록번호　　　　　－
　　　　연 락 처 (02)　　　－　　，(010)　　－

　위 피고소인을 공갈죄로 이 고소를 제기하오니 의법 처단하여 주시기 바랍니다.

고 소 사 실

　피고소인은 전과 2범인 자로서 일정한 직업도 없이 배회하는 불량한 자로서 20○○년 ○월 ○일 오후 15시경 ○○시 ○○구 ○○동 ○○번지 ○○극장 앞에서 고소인은 휴대하고 있는 카메라를 빌려 달라고 하기에 카메라는 형님의 것이기 때문에 빌려줄 수 없다고 하였더니 이 자식이 너 빌려주지 않으면 재미없어, 위협적인 언사를 사용하였으며 만일 고소인이 말을 들어주지 않으면 당장이라도 주먹이 날아와 몸에 맞으면 상처가 날 것 같은 행동에 공포감과 두려움을 느껴 고

소인이 가지고 있던 카메라 싯가 100만원 상당을 갈
취당하였으므로 고소를 제기합니다.

2000년   월   일

위 고소인 ○ ○ ○ ㉑

○○경찰서 귀중

《 고소장 》 고소장(근로기준법 위반)

고　소　장

고 소 인 ○　○　○
　　　　　○○시 ○○구 ○○동 ○○번지
　　　　　주민등록번호　　　　　－
　　　　　연 락 처 (02)　　－　　, (010)　　－

피고소인 ○　○　○
　　　　　○○도 ○○시 ○○동 ○○번지
　　　　　주민등록번호　　　　　－
　　　　　연 락 처 (02)　　－　　, (010)　　－

　위 피고소인을 근로기준법위반죄로 이 고소를 제기하
오니 의법처단하여 주시기 바랍니다.

고 소 사 실

1. 고소인의 차남 ○○○(19○○년 ○월 ○일생. 만
17세)는 20○○년 ○월 초순경 가출하여 서울에
올라와서 주변을 방황하게 되자, 피고소인은 주소지
에서 목재공예업을 영위하면서 18세 미만인 소년에
게는 위험한 작업을 요구하지 못하도록 법률로 금지
하고 있는데도 불구하고 현저히 저렴한 노임으로 고
용 혹사하기 위하여 부모의 동의와 보건사회부장관
의 승인도 없이 월 5만원의 임금으로 고용하여 아
무런 작업경험도 없는 어린 소년에게 위험한 전기회

전톱을 조작토록 하여 20○○년 ○월 ○일 18 :
00시경 작업도중 고소인의 시지, 중지, 인지가 절단
직전에 이르고, 소지의 기능 마비를 가져오는 등의
중상을 입게 한 자입니다.
2. 피고소인은 치료비절약을 위하여 환자를 즉시 종합
병원에서 손가락의 접합수술을 하지 아니하고 이름
도 없는 인근 의원에서 부모의 동의도 없이 손가락
을 모두 절단해 버림으로써 평생 불구자로 만든 자
이오니 엄중한 벌로서 처단하여 주시기 바랍니다.

20○○년   월   일

위 고소인의 부 ○ ○   ○ ㉑

○○경찰서장 귀하

《 고소장 》 고소장(변호사법 위반)

고 소 장

고 소 인 ○ ○ ○
　　　　○○시 ○○구 ○○동 ○○번지
　　　　주민등록번호　　　　－
　　　　연 락 처 (02)　 －　 , (010)　 －

피고소인 ○ ○ ○
　　　　○○도 ○○시 ○○동 ○○번지
　　　　주민등록번호　　　　－
　　　　연 락 처 (02)　 －　 , (010)　 －

　위 피고소인을 변호사법 위반죄로 이 고소를 제기하오니 의법처단하여 주시기 바랍니다.

고 소 사 실

1. 고소인과 피고소인은 같은 동네에 거주하고 있는 바, 서기 20○○년 ○월 초순경 고소인의 2남 ○○○ 17세가 가출을 하여 대구에서 타인의 점포에 들어가 금 2만원 상당의 물건을 훔치다가 구속되어 ○○지방검찰청으로부터 구속통지에 접하였던 바,
2. 피고소인은 위의 사실을 알고 대구에 내려가서 위 절도피의사건을 담당하는 공무원에게 청탁하여 석방되도록 알선하여 주겠다면서 20○○년 ○월 ○일에 대구에 내려간 후 ○○시 ○○구 ○○동 ○○모텔

에서 고소인에게 전화를 걸어 일이 잘 되어가니 경
비 50만원을 송금하라고 말한 후 다음날 11 : 00
시경 ○○은행 ○○지점에서 고소인이 송금한 금
50만원을 교부받아서 공무원이 취급하는 사건에 관
하여 알선한다는 명목으로 금품을 받아 이를 가로
챈 자이오니 의법엄단하여 주시기 바랍니다.

관계서류 : ○○은행 송금표　　　1매

20○○년　월　일

위 고소인　○　○　○　㊞

○○경찰서장　귀하

〈 고소장 〉 고소장(부정수표단속법 위반)

고 소 장

고 소 인 ○ ○ ○
　　　　○○시 ○○구 ○○동 ○○번지
　　　　주민등록번호　　　　－
　　　　연 락 처 (02)　 －　 , (010)　 －

피고소인 ○ ○ ○
　　　　○○도 ○○시 ○○동 ○○번지
　　　　주민등록번호　　　　－
　　　　연 락 처 (02)　 －　 , (010)　 －

　위 피고소인을 부정수표단속법 위반죄로 이 고소를
제기하오니 의법처단하여 주시기 바랍니다.

고 소 사 실

　피고소인은 ○○시 ○○구 ○○동 ○○번지에서 ○
○공업사라는 간판을 걸고 어망생산을 하는 자인 바,
4년전부터 ○○은행 종로지점과 당좌거래 계정을 개설
하고 당좌수표를 발행하여 오던 중
　20○○년 ○월 ○일부터 20○○년 ○월 ○일 사이
에 금 600만원권 당좌수표 5장과 금 200만원권 3장
을 발행하였으나 소지인들이 지급기일에 위 은행에 제
시하여 본 결과 예금부족 및 무거래 지급되지 않았습
니다. 위 피고소인은 계획적으로 부도를 내고도 미안한

생각을 하지 않으니 엄중히 조사하여 처벌하여 주시기
바랍니다.

                20○○년   월   일

                     위 고소인 ○ ○ ○ ㉿

○○경찰서장 귀중

《 고소장 》 고소장(위력에 의한 업무방해)

고 소 장

고 소 인 ○ ○ ○
　　　　○○시 ○○구 ○○동 ○○번지
　　　　주민등록번호　　　　　－
　　　　연 락 처 (02)　　－　　, (010)　　－

피고소인 ○ ○ ○
　　　　○○도 ○○시 ○○동 ○○번지
　　　　주민등록번호　　　　　－
　　　　연 락 처 (02)　　－　　, (010)　　－

　　위 피고소인을 위력에 의한 업무방해죄로 이 고소를 제기하오니 의법처단하여 주시기 바랍니다.

고 소 사 실

　　피고소인은 조직폭력배두목으로서 그의 누나되는 ○○○가 경영하는 식당 옆 ○○시 ○○구 ○○동 ○○번지에서 경영하는 식당이 잘되어 손님이 없음을 창피하게 생각하여 위 고소인 식당을 못하게 할 목적으로 20○○년 ○월 ○일 깡패 10명을 동원하여 고소인의 식당을 점검하고 타인들을 못 들어오게 하였으며 고소인이 왜 이러느냐고 하니까 장사를 하려면 다른 곳에 가서 하라. 만약 이사를 가지 않고 계속 장사를 하면 항시 조직폭력배를 동원하여 장사를 망쳐 놓겠다고 으

름장을 놓음으로써 그 위력을 과시하였고 그 위력에
의하여 식사하는 고객이 한 사람도 들어오지 않아서
고소인은 손해를 많이 보고 있습니다.

20○○년   월   일

위 고소인   ○   ○   ○ ㉑

○○경찰서장   귀중

《 고소장 》 고소장(강제집행면탈)

고 소 장

고 소 인 ○ ○ ○
　　　　○○시 ○○구 ○○동 ○○번지
　　　　주민등록번호　　　　 －
　　　　연 락 처 (02)　 －　 , (010)　 －

피고소인 ○ ○ ○
　　　　○○도 ○○시 ○○동 ○○번지
　　　　주민등록번호　　　　 －
　　　　연 락 처 (02)　 －　 , (010)　 －

　위 피고소인을 강제집행면탈죄로 이 고소를 제기하오
니 의법처단하여 주시기 바랍니다.

고 소 사 실

　피고소인 ○○○은 20○○년 경부터 건축업을 목적
으로 ○○건설주식회사를 설립하여 이 회사 대표이사
로 있는 자로서 지급능력이 없으면서 거액의 어음을
고소인에게 남발하였고,
　위 피고소인은 약속어음의 지불기일이 되면 위 각서
에 의거, 고소인 등 이 피고인이 재산에 압류 등 강제
처분을 하게 될 것을 우려한 나머지 자기 소유재산인
○○건설주식회사를 허위로 양도하면 고소인 등의 강
제집행을 면할 것을 기도하고 ○○건설주식회사 대표

○○○와 공모하여 20○○년 ○월 ○일경 피고소인은
위 ○○건설주식회사 주식 13,000주를 금 6,000만원
으로 평가하여 그 중 7,000주를 대금 3,500만원에
매도하였음에도 불구하고 주식 전체를 위 ○○건설주
식회사 대표 ○○○에게 매도한 것처럼 서류를 만들고
내용적으로 전 주식의 70%만 피고인에게 양도한다는
비밀합의서를 만든 다음 그 일체에 필요한 서류를 교
부하여 주었습니다.

그리고 그 후 20○○년 ○월 ○일 ○○시 ○○구
○○동 ○○번지 ○○빌딩 10층 500호실에서 피고소
인 ○○○은 동 회사주 13,000주를 ○○○에게 양도
하는 이 사회를 개최, 만장일치로 승낙한 것처럼 의사
회의록도 만들었고 13,000주를 동일부로 ○○○에게
완전히 배서하여 줌으로써 동 주식 30%해당분 2,500
만원 상당을 강제집행 불능케 하여 이를 면탈할 것입
니다.

20○○년   월   일

위 고소인 ○ ○ ○ ㉑

○○경찰서 귀중

〈 고소장 〉 고소장(미성년자 간음)

고　소　장

고 소 인 ○　○　○
　　　　○○시 ○○구 ○○동 ○○번지
　　　　주민등록번호　　　　－
　　　　연 락 처 (02)　　－　　, (010)　－

피고소인 ○　○　○
　　　　○○도 ○○시 ○○동 ○○번지
　　　　주민등록번호　　　　－
　　　　연 락 처 (02)　　－　　, (010)　－

　위 피고소인을 미성년자 간음죄로 이 고소를 제기하
오니 의법처단하여 주시기 바랍니다.

고 소 사 실

　고소인은 ○○시 ○○구 ○○동 ○번지에 거주하며
슬하에 현재 초등학교 3학년에 다니는 딸아이 ○○○
과 같은 학교 2학년인 아들 ○○○과 함께 단란한 가
정을 꾸려가고 있었습니다.
　그러던 어느 날 딸아이가 학교에서 돌아온 후 그곳이
자꾸 아프다면서 울기에 확인하여 보니 그곳이 찢어져
피가 흐르고 있어 "도대체 왜 그런거야"하며 물어보
아도 말을 하지 않아 바른대로 말하라고 다그쳤더니
그때서야 말을 하는데 딸아이가 수업을 마치고 집에

오는 길에 과자를 사먹기 위해 학교 앞 구멍가게에 들어가 과자를 고르고 있는데 가게 집 아저씨가 과자를 많이 줄테니 방에 들어와서 천천히 먹고 가라기에 신이나 방으로 들어가니 아저씨가 과자를 많이 가지고 와 주길래 먹고 있었는데 갑자기 아저씨가 과자를 많이 먹었으니 돈을 달라고 하여 돈이 없다고 하자 그럼 경찰서에 보낸다길래 겁을 먹고 있는데 아저씨가 그럼 시키는대로 하면 경찰서에 보내지 않는다고 하여 고개를 끄떡이자 아저씨가 옷을 벗기고 그곳에 아저씨가 억지로 성기를 넣으려고 하여 아프다고 울었는데 아저씨는 성기를 집어넣어 한참이나 움직이다가 빼고나서는 울고있는 아이에게 과자를 주면서 아무에게도 이 이야기를 하지 말라고 하면서 이야기를 하면 경찰서에 잡혀가니 경찰서에 잡혀가기 싫으면 이야기하면 안 된다고 하였다는 것이었습니다.

　다같이 자식을 키우는 부모로서 어찌 이런 행동을 할 수 있는 겁니까. 이에 몰염치한 피고소인을 고소하여 법에 따라 엄중 처벌하여 주시기를 바랍니다.

　　　　　　　20○○년　월　일

　　　　　　　　　　위 고소인　○　○　○　㊞

○○경찰서　귀중

《 고소장 》 고소장(강제추행)

고 소 장

고 소 인 ○ ○ ○
　　　　○○시 ○○구 ○○동 ○○번지
　　　　주민등록번호　　　　　－
　　　　연 락 처 (02)　　 －　 , (010)　 －

피고소인 ○ ○ ○
　　　　○○도 ○○시 ○○동 ○○번지
　　　　주민등록번호　　　　　－
　　　　연 락 처 (02)　　 －　 , (010)　 －

　위 피고소인을 강제추행죄로 이 고소를 제기하오니
의법처단하여 주시기 바랍니다.

고 소 사 실

　고소인은 ○○시 ○○구 ○○동 ○번지에 거주하는
자이고 피고소인은 ○○구 ○○동에 사는 자입니다.
고소인의 집은 버스에서 내려 어두운 골목길로 한참
들어가 있기에 고소인은 퇴근을 하고는 특별한 일이
없으면 곧바로 집으로 가곤 하였습니다.
　그러던 20○○.○.○. 오후 19:40경 고소인이 퇴근
을 하여 고소인의 동네에서 버스에서 내려 항상 다니
던 길로 가고 있는데 가로등이 없는 ○○건물 모서리
를 지나려고 하는데 마침 술에 취한 피고소인이 건물

모퉁이에 서 있다가 고소인이 앞을 지나가자 기다렸다는 듯이 갑자기 달려들어 고소인을 끌어안고는 가슴을 만지며 키스를 하려고 하여 뿌리치려고 하자 다시 한 손으로 음부를 잡는 것이었습니다.

고소인은 너무 순간적으로 일어난 일이라 당황하여 아무 생각도 하지 못하였는데 마침 이곳을 지나가던 이웃집 아주머니가 "이봐요. 거기서 뭐해요."하자 그 남자는 달아나고 아주머니가 요즘 젊은 것들이란 하기에 아주머니 그런 것이 아니고 자초지종을 이야기하였더니 원 세상에 큰일날뻔 했다면서 "가만 있어라 그 놈을 어디서 많이 보았는데"하면서 한참을 생각하더니 그래 길건너 ○○집에 사는 것 같다고 하고는 돌아갔습니다.

그래서 고소인은 집으로 돌아와 어떻게 할까 망설이다가 어차피 동네 아주머니가 보았으니 소문이 날거고 숨긴다고 될일도 아니고 하여 부모님에게 말씀을 드렸더니 부모님은 이런 죽일놈 하시면서 고소인과 함께 아주머니가 알려준 집으로 찾아갔더니 마침 외출하지 않고 피고소인이 집에 있어 피고소인을 확인할 수 있었습니다.

고소인이 부모님과 찾아가니 사태가 심상치 않음을 깨달은 피고소인은 잘못했다면서 사정하는 것이었습니다.

그래서 용서해 줄까도 생각하다가 피고소인이 "어떻게 집을 알게 되었냐"면서 혼자말로 '재수가 없어서' 하는 것이었습니다.

이에 자기 잘못을 뉘우치지 못하고 반성의 기미가 보이지 않은 피고소인을 고소하여 법의 준엄한 심판을 받게 하기 위하여 고소장을 제출합니다.

20○○년　월　일

　　　　　　위 고소인　○　○　○　㉑

○○경찰서　귀중

《 고소장 》 고소장(절도)

고 소 장

고 소 인 ○ ○ ○
       ○○시 ○○구 ○○동 ○○번지
       주민등록번호   −
       연 락 처 (02)   −   , (010)   −

피고소인 ○ ○ ○
       ○○도 ○○시 ○○동 ○○번지
       주민등록번호   −
       연 락 처 (02)   −   , (010)   −

  위 피고소인을 절도죄로 이 고소를 제기하오니 의법 처단하여 주시기 바랍니다.

고 소 사 실

  고소인은 ○○시 ○○구 ○○동 ○번지 소재 ○○유통단지 A동 ○○호에서 ○○인테리어 사무실을 운영하고 있고, 피고소인은 고소인의 하청업체 직원으로서 평소 업무관계로 고소인의 사무실에 자주 들르고 있습니다.
  그런 관계로 피고소인은 고소인 사무실의 창문의 위치 내부구조 등을 잘 알고 있습니다.
  20○○.○.○. 01:00경 피고소인은 고소인이 운영하는 사무실에 감시가 소홀한 틈을 이용하여 출입문 상

단 유리창(가로 60센티미터, 세로 90센티미터)을 벽돌로 깨고 손을 넣어 잠겨진 문을 열고 침입하여 사무실 내에 있던 광고제작에 필요한 컴퓨터 컷팅기와 컴퓨터 등 도합 ○○○원 상당품을 절취하였습니다.

고소인은 이에 평소 믿고 일했던 피고소인의 위와 같은 소행에 배신감을 느껴 법에 따라 엄중한 처벌을 구하고자 본 고소장을 제출합니다.

관계서류 :   1. 피해물품 내역서   1통

20○○년   월   일

위 고소인   ○   ○   ○ ㉑

○○경찰서   귀중

《 고소장 》 고소장(성매매알선등행위의처벌에관한법률위반)

고 소 장

고 소 인 ○ ○ ○
　　　　○○시 ○○구 ○○동 ○○번지
　　　　주민등록번호　　　　 -
　　　　연 락 처 (02)　 -　 , (010)　 -

피고소인 ○ ○ ○
　　　　○○도 ○○시 ○○동 ○○번지
　　　　주민등록번호　　　 -
　　　　연 락 처 (02)　 -　 , (010)　 -

　위 피고소인을 성매매알선등행위의처벌에관한법률위
반죄로 이 고소를 제기하오니 의법처단하여 주시기 바
랍니다.

고 소 사 실

1. 고소인의 2녀 ○○○ 20세는 20○○년 ○월 초순
　경 서울에 있는 친척집에 다녀오겠다고 집을 나간
　후 현재까지 돌아오지 않고 있어 백방으로 찾고 있
　었는데,
2. 피고인은 주소지에서 무허가 여인숙을 경영하면서
　상습적으로 시골에서 올라오는 처녀들을 취직시켜
　준다고 속여 성매매행위를 강요하는 자로서 동년 ○
　월 ○에 고소인의 딸이 영등포역 부근을 지나가는데

말을 걸고 대중음식점 여급을 구하고 있는데 숙소와
의식을 제공하고 식당의 주방일을 하면 월 200만원
을 주겠다고 감언이설로 꼬이여 자신이 경영하는 여
인숙에 수일간만 있노라면 위 식당에서 연락이 온다
고 속여 강제로 성매매행위를 시킨 자입니다.
3. 피고인은 전시 성매매행위로 생긴 금원을 한 푼도
본인에게 주지 않고 전액을 가로챈 자이오니 엄히
수사하시어 법이 적용되는 한 엄벌에 처해주시기 바
랍니다.

20○○년   월   일

위 고소인 ○ ○ ○ ㊞

○○경찰서장 귀하

〈 고소장 〉 고소장(기물파손)

고 소 장

고 소 인 ○ ○ ○
       ○○시 ○○구 ○○동 ○○번지
       주민등록번호　　　　－
       연 락 처 (02)　　－　　, (010)　　－

피고소인 ○ ○ ○
       ○○도 ○○시 ○○동 ○○번지
       주민등록번호　　　　－
       연 락 처 (02)　　－　　, (010)　　－

위 피고소인을 기물파손죄로 이 고소를 제기하오니
의법처단하여 주시기 바랍니다.

고 소 사 실

고소인은 ○○시 ○○구 ○○동 ○번지 소재 지하 1
층에서 ○○○단란주점을 생업으로 3년째 경영하고 있
고, 피고소인 ○○○은 고소인의 가게에서 100미터쯤
떨어진 노상에서 구두닦이를 하는 자로서 가끔 고소인
의 가게에 들러 술을 마시곤 했습니다.
20○○.○.○. ○○:○○경 피고소인은 고소인의 단
란주점 내에서 양주등 도합 ○○○원 상당의 술을 취
식하고 그 술값을 요구하는 고소인에게 심부름하는 아
가씨를 2차 내보내 달라고 하자, 고소인이 이곳은 접

대부가 없기 때문에 아가씨를 2차 보낼 수 없다고 했더니, 피고소인은 고소인의 단란주점 1번 룸의 출입문 유리창을 주먹으로 쳐 깨뜨리고 또 벽면 대형유리 1매를 주먹으로 깨뜨려 ○○○원의 수리비를 요하는 재물을 손괴하였습니다.

이에 고소인은 피고소인에게 1번룸의 수리비 ○○○원을 요구했으나 피고소인은 막무가내로 고소인이 잘못했다고 수리비의 절반만 물어주겠다고 합니다.

고소인은 피고소인의 소행이 참으로 괘씸하여 법의 엄중한 처벌을 바라며 본 고소장을 제출합니다.

20○○년   월   일

위 고소인 ○ ○ ○ ㉔

○○경찰서 귀중

《 고소장 》 고소장(방화)

고 소 장

고 소 인 ○ ○ ○
　　　　○○시 ○○구 ○○동 ○○번지
　　　　주민등록번호　　　－
　　　　연 락 처 (02)　－　, (010)　－

피고소인 ○ ○ ○
　　　　○○도 ○○시 ○○동 ○○번지
　　　　주민등록번호　　　－
　　　　연 락 처 (02)　－　, (010)　－

　위 피고소인을 방화죄로 이 고소를 제기하오니 의법
처단하여 주시기 바랍니다.

고 소 사 실

　고소인은 ○○시 ○○구 ○○동 ○○번지에 주소를
두고 생활하고 있는 자이고 피고소인은 같은 동 ○번
지에 살고 있는 관계로 고소인과는 평소 친하게 지내
는 사이였습니다.
　그런데 20○○.○.○. 고소인과 피고소인은 주차문제
로 심하게 다투었는데 그 이후부터 피고소인은 고소인
을 욕하고 다니며 고소인에게 사사건건 트집을 잡는
등 고소인과는 상당히 불편한 관계가 되었습니다. 그러
던 어느 날 피고소인이 운전하던 02아1234 소나타

승용차가 고소인 소유의 09자 5678 에쿠스 승용차의 앞부분을 충돌하여 고소인에게 손해를 배상해준 일이 발생하였습니다. 이에 앙심을 품은 피고소인은 20○○.○.○. 고소인과 고소인의 부인이 집을 비우고 아이들(7세, 5세)만 집에 있는 것을 확인하고 고소인 집에 잠입하여 아이들이 정신없이 오락에 몰두하는 사이 방 한쪽에 이불이 싸여있는 것을 확인하고 종이에 불을 붙여 이불에 갔다놓고 나옴으로 이불에 불이 붙여 게임을 하던 아이들은 갑자기 연기가 나자 놀라서 집밖으로 뛰쳐나오고 불은 순식간에 장롱에 옮겨 붙어 장롱이 불에 타 소실되었으며 집은 다행이 이웃집의 신고로 출동한 소방관에 의해 진화되었습니다.

고소인은 만약 아이들이 잘못되었다면 생각만 해도 정신이 아찔합니다.

이에 고소인은 이러한 나쁜 소행의 피고소인을 법에 따라 엄중 처벌하여주시기를 바라는 뜻에서 고소장을 제출하여 고소하는 바입니다.

20○○년   월   일

위 고소인   ○   ○   ○   ㉠

○○경찰서장   귀중

(서식) 고소취소장

고 소 취 소 장

고 소 인 ○ ○ ○
　　　　○○시 ○○구 ○○동 ○○번지
　　　　주민등록번호　　　　　－
　　　　연 락 처 (02)　　 －　　, (010)　 －

피고소인 ○ ○ ○
　　　　○○도 ○○시 ○○동 ○○번지
　　　　주민등록번호　　　　　－
　　　　연 락 처 (02)　　 －　　, (010)　 －

　고소인은 피고소인을 업무상배임혐의로 20○○년 ○
월 ○일에 귀청(또는 귀서)에 고소하였는 바, 고소이
후 피고소인과 원만한 합의를 보았으므로 고소를 취소
합니다.

　　　　　　20○○년　 월　 일

　　　　　　　　　위 고소인　 ○　 ○　 ○ ㊞

○○경찰서장　귀중

〈 서식 〉 고소장 정정신청서

고소장 정정 신청서

신청인(고소인) ○ ○ ○
　　　　○○시 ○○구 ○○동 ○○번지
　　　　주민등록번호　　　　－
　　　　연 락 처 (02)　 －　 , (010)　 －

피고소인 ○ ○ ○
　　　　○○도 ○○시 ○○동 ○○번지
　　　　주민등록번호　　　　－
　　　　연 락 처 (02)　 －　 , (010)　 －

　20○○년 ○월 ○일자로 제출한 피고소인 ○○○에
대한 사기고소사건에 관한 고소장 기재내용 중 다음의
부문은 잘못 기재되었으므로 아래와 같이 정정하고자
하오니 허가하여 주시기 바랍니다.

다　　음

1. 피고인 ○○○를 ○○○로 정정 바람.

　　　　　　　20○○년　 월　 일

　　　　　　위 신청인(고소인)　 ○　 ○　 ○　 ㊞

○○지방검찰청　귀중

(서식) 고소인 지정신고서

고소인 지정신고서

수 신 ○○지방검찰청 검사장   20○○년 ○월 ○일
제 목 고소인 지정청구

　피의자 ○○○에 대한 미성년자 강제추행 피의사건
에 관하여는 고소권자인 피해자 ○○○이 심신미약의
상태에 있는 고아로서 고소할 자가 없으므로 고소권자
의 지정을 청구합니다.

위 신청인 이해관계인(피해자의 이웃주민)

○ ○ ○ ⑫

(서식) 증거제출서

증거제출서

피의자(피고소인) ○　○　○

위 사람에 대한 업무상 과실치상 사건에 대하여 별지와 같이 증거를 제출하오니 수사에 참고하시기 바랍니다.

입 증 취 지

1. 지팡이 부러진 것　　　　1개
    피의자가 경적을 울렸어도 맹인이기 때문에 듣지 못하였음을 입증
2. 피해가족의 각서　　　　1통
   평소 앞을 못보고 듣지도 못하기 때문에 가족이 따라 가는데 그 날은 말도없이 혼자 나감으로써 사고를 당했는데 자기들의 책임이라는 내용의 입증

20○○년　월　일

위 피의자(피고소인)　○　○　○ ㊞

○○지방검찰청　귀중
(○○경찰서)

(서식) 합의서

합 의 서

피 해 자 ○ ○ ○
        ○○시 ○○구 ○○동 ○○번지
        주민등록번호   –
        연 락 처 (02)   –   , (010)   –

가 해 자 ○ ○ ○
        ○○도 ○○시 ○○동 ○○번지
        주민등록번호   –
        연 락 처 (02)   –   , (010)   –

  서기 20○○년 ○월 ○일 12 : 00경 ○○시 ○○구 ○○동 ○○번지 소재 ○○클럽에서 위 당사자간 사소한 일로 시비가 야기되어 위 가해자는 위 피해자 ○○○에게 전치 2주의 가료를 요하는 상해 및 위 피해자 ○○○에게 전치 1주를 요하는 상해를 가한 폭행상해 사건에 관하여 위 가해자는 위 피해자등에게 치료비 및 위자료조로 일금 1,000,000원정을 지불하고 위 피해자등은 상기 금원을 수령하여 상호간 원만히 합의하였음.
  그러므로 위 피해자 등은 본건에 대하여는 앞으로 이의의 제기 또는 재요구를 하지 않을 것은 물론 민·형사상의 소를 제기하지 않을 것을 확약하고 후일을 증하기 위하여 본 합의서에 서명날인함.

20○○년 월 일

위 피해자 ○ ○ ○ ㉑
위 가해자 ○ ○ ○ ㉑
입회인 ○ ○ ○ ㉑
○○시 ○○구 ○○동 ○○번지

제2장. 고발장

〈 고발장 〉 고발장(폐수무단방류)

고 발 장

고 발 인 ○ ○ ○
　　　　○○시 ○○구 ○○동 ○○번지
　　　　주민등록번호　　　　－
　　　　연 락 처 (02)　　－　　, (010)　－

피고발인 ○ ○ ○
　　　　○○도 ○○시 ○○동 ○○번지
　　　　주민등록번호　　　　－
　　　　연 락 처 (02)　　－　　, (010)　－

고 발 내 용

　고발인들은 ○○시 ○○구 ○○동에 사는 주민들입니다.
　피고발인은 같은 동에 있는 ○○주식회사로서 화학약품을 제조하는 회사입니다. 동 회사가 20○○.○.○. 부터 가동을 시작한 이래 주위토지 및 하천이 오염되어 심한 악취가 나고 하천에 물고기가 없어지는 등 환경오염이 날로 극심하여 동네 주민들이 찾아가 항의도 해보았으나 시정할 기미가 전혀 보이지 않아 이를 고발하오니 법에 따라 엄중 처벌하여 주시기를 바랍니다.

20○○년 월 일

고발인 대표 ○ ○ ○ ㉑

○○경찰서 귀중

(고발장) 고발장(차량으로 물건을 손상한 후 도주)

고 발 장

고 발 인 ○ ○ ○
　　　　○○시 ○○구 ○○동 ○○번지
　　　　주민등록번호　　　－
　　　　연 락 처 (02)　 －　, (010)　 －
피고발인 ○ ○ ○(차량번호 1234)
　　　　○○도 ○○시 ○○동 ○○번지
　　　　주민등록번호　　　－
　　　　연 락 처 (02)　 －　, (010)　 －

고 발 내 용

　고발인은 ○○동에 사는 자입니다.
　고발인은 20○○.○.○. 23:00경 일을 마치고 집
으로 돌아가는데 동네 모퉁이에 있는 ○○슈퍼를 막
지나려고 하는데 피고발인의 차량이 갑자기 오더니 ○
○슈퍼의 정문을 들이받아 문의 유리가 깨지고 또한
일부 물품이 손상이 되었습니다. 이를 본 피고발인은
갑자기 차를 후진하여 돌아온 길로 차를 몰아 도주를
하였습니다.
　이에 피고발인을 고발하오니 법에 따라 엄중히 처
벌하여 주시기를 바랍니다.

　　　　20○○년　 월　 일

　　　　　위 고발인 ○ ○ ○ ㊞

○○경찰서 귀중

고 발 장

고 발 인 ○ ○ ○
　　　　○○시 ○○구 ○○동 ○○번지
　　　　주민등록번호　　　　－
　　　　연 락 처 (02)　　 －　　, (010)　　－

피고발인 ○ ○ ○ 외 ○인
　　　　○○도 ○○시 ○○동 ○○번지
　　　　주민등록번호　　　　－
　　　　연 락 처 (02)　 －　　, (010)　　－

고 발 내 용

　고발인은 ○○동에서 농사를 짓는 사람들입니다.
　저희 동네에는 ○○산이 있는데 경관이 좋고 또한 야생동물이 많이 서식하고 있습니다. 이로 인해 모든 동물의 포획은 금지하고 있습니다. 그런데 20○○.○.○. 낮 12:00쯤 갑자기 산에서 총소리가 계속 나는 것이었습니다.
　이에 고발인들이 놀라 달려가 보니 피고발인들이 몇몇이 공기총을 이용하여 꿩과 노루를 사냥하고 있는 것이었습니다. 고발인들이 달려가니 피고발인들은 이내 저희가 오는 것을 보고 도망하였습니다. 이에 피고발인들을 고발하오니 법에 따라 엄중히 처벌하여 주시기를 바랍니다.

20○○. ○. ○.

위 고발인 대표 ○ ○ ○ ㊞

○○경찰서 귀중

《 고발장 》 고발장(공무원 금품수수)

고　발　장

고 발 인 ○　○　○
　　　　　○○시 ○○구 ○○동 ○○번지
　　　　　주민등록번호　　　　－
　　　　　연 락 처 (02)　－　　, (010)　－

피고발인 ○　○　○
　　　　　○○도 ○○시 ○○동 ○○번지
　　　　　주민등록번호　　　　－
　　　　　연 락 처 (02)　－　　, (010)　－

고 발 내 용

　고발인은 20○○.○.○. 14:00경 ○○시청 앞의 ○
○커피숍에서 이번 ○○시에서 추진하는 ○○아파트
건설에 입찰을 하기 위해 서류를 준비중이었습니다. 한
데 피고발인인 ○○○이 ○○○과 만나 이야기를 하더
니 ○○○으로부터봉투를 건네 받는데 보니까 현금 같
았습니다. 그후 저와 ○○○은 입찰에 응했고 나중에
낙찰결과를 보니 저희는 떨어졌는데 ○○○씨가 있는
○○건설이 낙찰을 받게 된 것이었습니다.
　공무원이란 신분으로 오히려 더 공정해야할 입찰 등
에 불법적으로 개입하여 금품을 받고 특정인에게 낙찰
되도록 사전 정보를 알려주는 등의 행위는 있을 수 없
는 일로 압니다.

　　이에 피고발인을 고발하오니 법에 따라 엄중히 처벌
하여 주시기를 바랍니다.

20○○. ○. ○.

위 고발인　○　○　○　㉞

○○경찰서　귀중

《 고발장 》 고발장(불법의료행위)

고　발　장

고 발 인 ○　○　○
　　　　○○시 ○○구 ○○동 ○○번지
　　　　주민등록번호　　　　－
　　　　연 락 처 (02)　　－　　, (010)　　－
피고발인 ○　○　○
　　　　○○도 ○○시 ○○동 ○○번지
　　　　주민등록번호　　　　－
　　　　연 락 처 (02)　　－　　, (010)　　－

고 발 내 용

　피고발인은 ○○시 ○○구 ○○동에서 ○○미용실을 운영하는 자로 미용실을 하면서 가끔 그전에 자기가 간호사로 일한 경력을 가지고 이곳을 이용하는 다수자로부터 쌍꺼풀 수술 및 몇 가지의 일부 성형 수술을 하여 주고 건당 금 ○○○원을 받는 등 수차례에 걸쳐 이러한 행위를 하고 현재에도 계속하여 동 행위를 하고 있으므로 이에 피고발인을 고발하오니 법에 따라 엄중히 처벌하여 주시기를 바랍니다.

　　　　　　　　　20○○. ○. ○.

　　　　　　　　　　　위 고발인 　○　○　○　㊞

○○경찰서　귀중

〈 고발장 〉 고발장(상습도박)

고　발　장

고 발 인 ○　○　○
　　　　　○○시 ○○구 ○○동 ○○번지
　　　　　주민등록번호　　　　　－
　　　　　연 락 처 (02)　　－　　, (010)　　－

피고발인 ○　○　○ 외
　　　　　○○도 ○○시 ○○동 ○○번지
　　　　　주민등록번호　　　　　－
　　　　　연 락 처 (02)　　－　　, (010)　　－

고 발 내 용

　고발인이 회사에서 퇴근을 하고 ○○시 ○○구 ○○동 ○번지상의 본인의 주거에서 잠을 자려고 하면 인접한 ○○빌딩 ○○호에서 술을 마시고 무엇을 하는지 밤새 시끄러워 잠을 제대로 이루지 못할 때가 한두번이 아니었습니다.

　거의 매일같이 이렇게 시끄러워 20○○.○.○.에는 본인이 항의를 하기 위해 직접 가보았더니 같은 동에 살고있는 ○○○을 비롯하여 ○○○, ○○○, ○○○, ○○○이 만원짜리 지폐를 몇 다발씩 가지고 카드로 도박을 하고 있었습니다.

　고발인은 그때서야 밤새 술을 마시며 시끄러운 이유를 알게 되었습니다.

이들은 밤만되면 모두 모여 도박을 하며 시끄러우므로 이들을 고발하오니 법에 따라 처벌하여 주시기를 바랍니다.

2000. ○. ○.

위 고발인 ○ ○ ○ ㊞

○○경찰서 귀중

《 고발장 》 고발장(문화재훼손)

고 발 장

고 발 인 ○ ○ ○
      ○○시 ○○구 ○○동 ○○번지
      주민등록번호   -
      연 락 처 (02)   -   , (010) -

피고발인 ○ ○ ○ 외 ○인
      ○○도 ○○시 ○○동 ○○번지
      주민등록번호   -
      연 락 처 (02)   -   , (010) -

고 발 내 용

  고발인들은 20○○.○.○. 아이들과 현장 학습을 위하여 ○○박물관을 방문하였습니다.
  아이들과 함께 한참 구경을 하고 있는데 불량하게 보이는 20대 초반의 남자 3명이 문화재인 ○○을 돌로 두들겨 동 문화재 일부가 파손되었는데도 이를 관리하는 관리인은 이들이 두려웠는지 이를 보고도 못본척 아무런 말없이 다른 곳으로 가버리기에 고소인이 관리인을 쫓아가 왜 문화재를 훼손하는 데도 못본척 하느냐고 따지자 당신은 상관할 일이 아니라고 하고는 자리를 피해버렸습니다.
  이에 고발인은 관리인의 관리 소홀 및 문화재를 훼손한 ○○○, ○○○, ○○○을 고발하오니 법에 따라 엄중히 처벌하여 주시기를 바랍니다.

20○○. ○. ○.

위 고발인　○　○　○　㊞　

○○경찰서　귀중

〈고발장〉 고발장(미성년자 고용 불법영업)

고 발 장

고 발 인 ○ ○ ○
　　　　○○시 ○○구 ○○동 ○○번지
　　　　주민등록번호　　　　　－
　　　　연 락 처 (02)　 － 　, (010) 　－

피고발인 ○ ○ ○
　　　　○○도 ○○시 ○○동 ○○번지
　　　　주민등록번호　　　　　－
　　　　연 락 처 (02)　 － 　, (010) 　－

고 발 내 용

　고발인들은 20○○.○.○. 친구들과 함께 술을 한잔 하고자 ○○시 ○○구 ○○동 소재 ○○ 단란주점에 가서 술을 마시게 되었는데 술을 한잔씩하고 분위기에 이끌려 접객원를 부르게 되었는데 이들은 하나같이 어려 보여 도대체 나이가 얼마나 되냐고 물었더니 "미성년자는 아니니 기분좋게 술을 마시다 가면 되지 나이는 알아서 뭘 하시게" 하는 것이었습니다.

　그래도 너무나 어려 보여 재차 확인하여 보니 이들은 고등학교를 다니다 그만둔 미성년자들로서 15~17세 의 아이들이어서 이들을 내보내고 주인을 불러 "이렇게 어린 미성년자를 고용하여 접대부로 일하게 하면 어떻게 하느냐"고 하였더니 "당신이 뭔데 남의 장사에 간섭하느냐"며 오히려 큰소리를 쳤습니다.

　이에 자기의 잘못을 인식하지 못하고 그저 돈만 벌면 된다는 몰지각한 사람들에게 경종을 울리고자 이 업소 주인 ○○○을 고발하오니 법에 따라 엄중히 처벌하여 주시기를 바랍니다.

20○○. ○. ○.

위 고발인 　○　○　○　㊞

○○경찰서　귀중

《 고발장 》 고발장(불법복제물 판매)

고 발 장

고 발 인 ○ ○ ○
　　　　○○시 ○○구 ○○동 ○○번지
　　　　주민등록번호　　　　－
　　　　연 락 처 (02)　　－　　, (010)　　－

피고발인 ○ ○ ○
　　　　○○도 ○○시 ○○동 ○○번지
　　　　주민등록번호　　　　－
　　　　연 락 처 (02)　　－　　, (010)　　－

고 발 내 용

　고발인들은 20○○.○.○. 예비군 훈련을 마치고 나오는데 훈련장 앞 골목길에 건장하게 보이는 젊은이 두명이 이상한 CD를 판매하고 있는 것이었습니다. 이들은 성인용 포르노 CD를 다량 복제하여 이를 예비군 훈련을 마치고 나오는 다수의 사람들에게 금 ○○○원씩 받고 판매한 것입니다.

　또한 이들은 이날 한번만 불법CD를 판매한 것이 아니라 예비군 훈련이 있는 날에는 어김없이 동 장소에서 불법 복제한 CD를 판매하지만 단속하는 사람은 없는 것 같았습니다.

　이들은 나이를 불문하고 돈만 주면 아무에게나 판매를 하는 등 미성년자에게도 이를 판매하고 있어 더 이

상 방치할 수 없어 이들을 고발하오니 법에 따라 엄중
히 처벌하여 주시기를 바랍니다.

20○○. ○. ○.

위 고발인　○　○　○ ㉑

○○경찰서　귀중

《 고발장 》 고발장(버스의 불법노선변경)

고 발 장

고 발 인 ○ ○ ○
　　　　○○시 ○○구 ○○동 ○○번지
　　　　주민등록번호　　　 －
　　　　연 락 처 (02)　 －　 , (010)　 －

피고발인 ○○운수 주식회사
　　　　대표이사 ○ ○ ○
　　　　○○도 ○○시 ○○동 ○○번지
　　　　주민등록번호　　　 －
　　　　연 락 처 (02)　 －　 , (010)　 －

고 발 내 용

　고발인들은 ○○동에 사는 주민들입니다.
　저희 동네는 조금 외곽지역이라 인구가 그리 많지는
않습니다.
　시내를 나가기 위해서는 ○○운수의 ○○번을 타고
나갑니다. 배차간격은 10분에 한 대 꼴로 오기에 그다
지 어려움은 없었습니다. 한데 19○○.○.○.부터 버스
의 배차간격이 20분의 한 대 꼴로 오더니 지금은 거
의 40분에 한 대꼴이고 어떨 때는 1시간 이상씩 기다
릴 때도 있습니다. 그로 인해 저희 주민들은 시내에
일을 보기 위해서는 너무 많은 불편이 따라 이를 확인
하여 본 결과 동 노선에 운행되어야 할 버스들이 다른

번호판을 부착한 채 타노선에 투입되어 운행하고 있습니다.

 이에 피고발인 업체를 고발하오니 법에 따라 엄중히 처벌하여 주시기를 바랍니다.

20○○. ○. ○.

위 고발인 ○ ○ ○ ㉑

○○경찰서   귀중

(고발장) 고발장(불법낙태)

고 발 장

고 발 인 ○ ○ ○
　　　　○○시 ○○구 ○○동 ○○번지
　　　　주민등록번호　　　　-
　　　　연 락 처 (02)　　-　　, (010)　　-
피고발인 ○ ○ ○
　　　　○○도 ○○시 ○○동 ○○번지
　　　　주민등록번호　　　　-
　　　　연 락 처 (02)　　-　　, (010)　　-

고 발 내 용

　피고발인은 ○○시 ○○구 ○○동 ○○빌딩 ○○호
에서 ○○이라는 상호의 산부인과를 개설하고 동 장소
에서 20○○.○.○. 임산부인 ○○○의 3개월된 태아
를 낙태시술하는 등 수십 차례에 걸쳐 낙태수술을 하
여 주고 1회당 금 ○○○원을 받는 등의 행위를 계속
하고 있으므로 이를 고발하오니 법에 따라 엄중 처벌
하여 주시기 바랍니다.

　　　　　20○○. ○. ○.

　　　　　　　위 고발인 ○ ○ ○ ㉑

○○경찰서　귀중

고　발　장

고 발 인 ○　○　○
　　　　　○○시 ○○구 ○○동 ○○번지
　　　　　주민등록번호　　　　　-
　　　　　연 락 처 (02)　　-　　, (010)　　-

피고발인 ○　○　○ 외 ○인
　　　　　○○도 ○○시 ○○동 ○○번지
　　　　　주민등록번호　　　　　-
　　　　　연 락 처 (02)　　-　　, (010)　　-

고 발 내 용

　피고발인들은 ○○시 ○○구 ○○동 일대 유흥업소를 상대로 뒤를 돌봐준다는 명목으로 각 업소당 금 ○○○원에서 금 ○○○원에 이르는 금품을 강취한 자들입니다.

　이들은 소위 ○○파라는 폭력집단으로 ○○동 일대를 주 무대로 하여 유흥업소를 돌아다니며 매월 상기 금액을 강취하고 이에 협조하지 않을시 협박 및 폭행을 하는 등 하여 업소관계자들은 후한이 두려워 감히 신고할 엄두도 내지 못하는 실정입니다.

　이들은 지난 20○○.○.○.경부터 이 일대를 상대로 금품을 강취하기 시작하여 20○○.○.○.현재까지 계속하여 동 행위를 하고 있다고 합니다.

　　고발인은 우연한 기회에 친구가 경영하는 이 지역 ○
○주점에 들렀다가 안부를 묻는 과정에서 이러한 사실
을 알고 상기와 같은 내용으로 이들을 고발하오니 법
에 따라 엄중처벌하여 주시기를 바라옵기에 이에 고발
합니다.

　　　　　　　　　　20○○. ○. ○.

　　　　　　　　　　위 고발인　○　○　○　㊞

○○경찰서　귀중

제2편
고소고발 질의답변

제1장. 고소장

피고소인이 무죄판결을 받은 경우 고소인에 대한 손해배상청구권

甲은 乙이 절도죄로 고소를 하여 기소되었으나, 재판결과 범죄사실의 존재를 증명함에 충분한 증거가 없다는 이유로 무죄판결을 받아 확정되었습니다. 이러한 경우 甲이 乙에게 불법행위를 이유로 손해배상청구를 할 수 있는지요?

➡ 손해배상청구를 할 수 있습니다.

    고소를 당한 피고소인이 기소되었으나 무죄판결을 받은 경우 고소인에게 불법행위의 구성요건인 고의·과실이 있는지에 대한 판단기준에 관한 판례를 보면, "피고소인이 고소인이 고소한 피의사실로 기소된 후 이에 대하여 무죄의 확정판결을 받은 사실이 있다 하더라도 그 고소가 권리의 남용이었다고 인정되는 고의 또는 중대한 과실에 의한 것이 아닌 이상 불법행위라고 할 수는 없다."라고 하였습니다(대법원 1994. 1. 25. 선고 93다29556 판결).

    또한, "고소·고발 등을 함에 있어 피고소인 등에게 범죄혐의가 없음을 알았거나 과실로 이를 알지 못한 경우 그 고소인 등은 그 고소·고발로 인하여 피고소인 등이 입은 손해를 배상할 책임이 있다 할 것인바, 이

때 고소·고발 등에 의하여 기소된 사람에 대하여 무죄의 판결이 확정되었다고 하여 그 무죄라는 형사판결 결과만으로 그 고소인 등에게 고의 또는 과실이 있었다고 바로 단정할 수는 없고, 고소인 등의 고의 또는 과실의 유무에 대한 판단은 선량한 관리자의 주의를 표준으로 하여 기록에 나타난 모든 증거와 사정을 고려하여 판단하여야 한다."라고 하였습니다(대법원 1996. 5. 10. 선고 95다45897 판결, 1999. 4. 13. 선고 98다52513 판결).

따라서 위 사안에 있어서도 단순히 甲의 절도피고사건의 무죄판결이 확정되었다는 사유만으로 곧바로 피고소인 甲이 고소인 乙을 상대로 불법행위로 인한 손해배상을 청구할 수는 없고, 구체적으로 乙이 甲에게 범죄혐의가 없음을 알았거나 과실로 이를 알지 못한 경우에만 손해배상청구가 가능할 것으로 보입니다.

참고로 "고소인들이 상호 명시적, 묵시적인 합의하에 피고소인으로 하여금 형사처벌을 받게 하거나 오로지 고통을 주기 위하여 허위내용을 기재한 진정서를 수사기관에 제출하여 수사의 단서를 제공한 후, 진정에 따라 수사기관의 조사를 받으면서 적극적으로 진정내용과 같은 허위의 진술을 하고, 그에 부합하는 듯한 증거자료들을 제출하여 피고소인을 구속·기소되도록 하였다면, 고소인들은 불법행위로 인한 손해배상책임을 진다."라고 한 사례가 있습니다(대법원 1997. 9. 5. 선고 95다21211 판결).

유사제품 제조자에 대한 특허권자의 권리행사 범위

甲은 자동여과기에 대한 특허권을 가지고 있습니다. 그런데 乙이 특허권침해의 소지가 있는 것으로 보여지는 여과기를 제조하여 판매·설치하고 있으므로, 甲은 乙을 특허법위반죄로 고소를 하였습니다. 이 경우 甲이 위 고소의 취하를 조건으로 乙과 구매자에게 위 여과기의 설치계약을 해제하고, 甲과 다시 계약을 체결하며, 기왕 설치되어 있던 제품까지 철거되도록 강요할 수 있는지요?

➡ **강요할 수 없습니다.**

특허권침해가 문제된 경우 특허권자가 취할 수 있는 손해예방을 위한 법적 구제절차로는 특허권침해가 문제된 제품의 제조·판매금지가처분신청을 하여 그 결정을 받아 집행하는 방법이 있을 것입니다.

그런데 특허법 제225조에 의하면 "①특허권 또는 전용실시권을 침해한 자는 7년 이하의 징역 또는 1억원 이하의 벌금에 처한다. ②제1항의 죄는 고소가 있어야 논한다."라고 규정하고 있는바, 특허권자가 특허법위반죄로 고소한 후 특허권침해여부가 불명확한 상태에서 그 고소의 취하를 조건으로 구매자로 하여금 구매계약을 해제하도록 강요하고, 기왕에 설치되어 있던 제품을 철거하게 한 경우까지도 정당한 권리의 행사인지 문제될 수 있습니다.

이에 관련된 판례를 보면, "특허권자가 특허권침해여부가 불명확한 제품의 제조자를 상대로 손해예방을 위하여 그 제품의 제조나 판매를 금지시키는 가처분신청 등의 법적 구제절차는 취하지 아니한 채, 사회단체와 언론을 이용하여 불이익을 줄 수도 있음을 암시하고, 나아가 그 구매자에 대하여도 법률적인 책임을 묻겠다는 취지의 경고와 함께 역시 사회단체와 언론을 통한 불이익을 암시하며, 형사고소에 대한 합의조건으로 위 제품제조자와의 계약을 해제하고 자신과 다시 계약을 체결할 것을 지속적으로 강요하여 마침내 이에 견디다 못한 구매자로 하여금 기존계약을 해제하고, 기왕 설치되어 있던 제품까지 철거되도록 하였다면 이러한 일련의 행위들은 정당한 권리행사의 범위를 벗어난 것으로서 위법한 행위이고, 특허권자가 회사의 대표이사로서 위와 같은 행위를 하였다면 회사도 특허권자와 연대하여 손해를 배상할 책임이 있다."라고 하였습니다(대법원 2001. 10. 12. 선고 2000다53342 판결).

따라서 위 사안에서 甲도 손해예방을 위하여 특허권침해가 문제된 제품의 제조·판매금지가처분신청을 하여 그 결정을 받아 집행하는 등의 법적 구제절차를 택해야 할 것으로 보이고, 법적 구제절차는 취하지 아니한 채 특허법위반죄의 고소취하를 조건으로 구매계약의 해제와 기왕 설치된 제품의 철거까지를 지나치게 강요한다면 그러한 합의를 하였다고 하여도 추후 특허권침해가 아닌 것으로 판명된다면 위와 같은 행위가 불법행위가 되고, 그로 인한 손해배상을 하여야하는 일이 발생할 수도 있을 것입니다.

형사상 미성년자의 법적 책임

13세인 저의 아들은 동네 아이들과 돌을 던지며 장난을 치던 중 또래인 甲의 머리를 맞혀 전치 3주의 상해를 입혔습니다. 저는 아들이 잘못한 일이므로 甲의 부모에게 사과하고 치료비를 부담하려고 하였으나 甲의 부모는 많은 돈을 요구하며 이를 지급하지 않으면 아들을 형사고소 하겠다고 합니다. 만일, 甲의 부모가 저의 아들을 고소하면 형사처벌을 받게 되는지요?

➡ **보호처분을 받게 됩니다.**

　귀하의 아들이 한 행위는 형사상 과실치상죄에 해당하는 행위로 보여지나 형법 제9조에 의하면 "14세 되지 아니한 자의 행위는 벌하지 아니한다."라고 하여 형사상 미성년자의 행위에 대하여는 형사처벌을 면제한다는 규정을 두고 있습니다.

　여기에서 '14세 되지 아니한 자'란 만 14세 미만의 자로 호적부상의 나이가 아닌 실제상의 나이를 말합니다. 따라서 귀하의 아들 나이가 행위당시 실제 나이로 만 14세 미만이라면 위와 같은 형사상 처벌은 받지 아니할 것입니다.

　그러나 소년법 제4조 제1항에 의하면 "형벌법령에 저촉되는 행위를 한 12세 이상 14세 미만의 소년은 소년부의 보호사건으로 심리한다."라고 규정하고 있으므로 만약 귀하의 아들이 이에 해당된다면 보호처분의 대상은 될 수 있을 것입니다.

허위사실을 진정한 경우 무고죄가 성립되는지

저와 영업상 경쟁관계에 있는 이웃 다방주인 甲은 제가 세무서직원에게 정기적으로 뇌물을 상납하는 대가로 세금을 적게 낸다며 근거 없는 허위사실을 관할경찰서장에게 진정하였습니다. 이런 경우 甲을 처벌할 수 있는지요?

➡ **무고죄로 고소할 수 있습니다.**

무고죄(誣告罪)는 타인으로 하여금 형사처분 또는 징계처분을 받게 할 목적으로 공무소 또는 공무원에 대하여 허위의 사실을 신고함으로써 성립하는 범죄를 말합니다(형법 제156조).

허위의 사실을 신고하는 것은 국가기관을 속여 죄 없는 사람을 억울하게 처벌받게 하는 것이므로 피해자에게 큰 고통을 줄뿐만 아니라 억울하게 처벌받은 경우, 피해자는 국가를 원망하게 되어 국가기강마저 흔들리게 되므로 무고죄는 10년 이하의 징역 또는 1,500만원 이하의 벌금에 처하도록 하고 있습니다.

관련 판례를 보면 "무고죄는 타인으로 하여금 형사처분 또는 징계처분을 받게 할 목적으로 공무소 또는 공무원에 대하여 허위의 사실을 신고하는 때에 성립하는 것인데, 여기에서 허위사실의 신고라 함은 신고사실이 객관적 사실에 반한다는 것을 확정적이거나 미필적으로 인식하고 신고하는 것을 말하는 것으로서, 설령 고소사실이 객관적 사실에 반하는 허위의 것이라 할지라도 그 허위성에 대한 인식이 없을 때에는 무고에 대한 고의가 없고, 고소내용이 터무니없는 허위사실이 아니고 사실에 기초하여 그 정황을 다소 과장한데 지나지 아니한 경우에는 무고죄가 성립하지 아니한다."라고 하였습니다(대법원 2003. 1. 24. 선고 2002도5939 판결, 2000. 11. 24. 선고 99도822 판결, 1998. 9. 8. 선고 98도1949 판결).

이와 같이 무고죄에 있어서 범의(犯意)는 반드시 확정적 고의임을 요하지 아니하고 미필적 고의로서도 족하다 할 것이므로, 무고죄는 신고자가 진실하다는 확신 없는 사실을 신고함으로써 성립하고 그 신고사실이 허위라는 것을 확신함을 필요로 하지 않습니다(대법원 1997. 3. 28. 선고 96도2417 판결, 2000. 7. 4 선고 2000도1908 판결).

또한, 무고죄의 성립요건에 있어서 그 신고의 방법은 자진하여 사실을 고지하는 한 구두에 의하건 서면에 의하건 또는 고소·고발의 형식에 의하건 혹은 기명에 의하건 익명에 의하건 또 자기명의에 의하건 타인명의에 의하건 불문하며, 또한 '공무소 또는 공무원'이라 함은 형사처분 또는 징계처분을 할 수 있는 권한을 가지고 있는 상당관서 또는 보조자를 말합니다. 예컨대, 경찰 또는 검사와 같은 수사기관 및 그 보조자인 사법경찰리도 포함됩니다. 징계처분을 받게 할 목적인 경우에는 임명권 및 감독권이 있는 소속장관 또는 상관 등입니다.

따라서 위 사안의 경우 귀하에 대한 甲의 행위는 귀하로 하여금 형사처분을 받게 할 목적으로 공무원에 대하여 허위사실을 진정한 것이라면 무고죄가 성립될 수 있을 것입니다(대법원 1984. 5. 15. 선고 84도125 판결, 1991. 12. 13. 선고 91도2127 판결).

고소기간이 지난 허위의 사실로 무고한 경우 처벌되는지

초등학교 교사인 제 여동생은 3년 전 건설회사 직원인 남편의 장기 지방출장기간 중 부인이 있는 동료교사 甲과 약 두 달간 불륜관계를 맺었다가 甲이 다른 학교로 전근가면서 관계를 끊은 사실이 있습니다. 그런데 최근 이 사실을 안 甲의 부인은 여동생 남편에게 그 사실을 알렸고 흥분한 여동생 남편이 이를 추궁하자 여동생은 강간당했다고 허위의 주장을 하며 경찰서에 고소장을 접수하였습니다. 조사결과 합의에 의한 불륜관계로 밝혀지자 담당 경찰관은 제 여동생을 무고죄로 입건하겠다고 하는데, 이 경우 무고죄로 처벌받는지요?

➡ **무고죄로 처벌받지 않을 것으로 보입니다.**

　귀하의 여동생이 甲이 형사처분을 받도록 할 목적으로 허위의 사실을 신고한 잘못은 크나 그렇다고 꼭 무고죄가 성립하는 것은 아닙니다. 강간죄는 친고죄로서 범인을 알게 된 날로부터 1년을 경과하면 고소할 수 없습니다(형사소송법 제230조 제1항, 성폭력범죄의 처벌 등에 관한 특례법 제18조 1항)

　그런데 귀하의 여동생은 甲과 성관계를 맺은 날로부터 약 3년이 지난 후 강간당했다며 고소를 제기한 것이고, 이는 명백히 친고죄의 고소기간이 지난 후 고소한 것이어서 이러한 경우 수사기관은 甲이 실제로 강간했다고 하더라도 甲을 처벌할 수는 없는 것입니다.

그렇다면 귀하의 여동생이 허위의 사실임을 알고도 경찰서에 고소한 것이 무고죄가 성립될 수 있는지 문제됩니다.

무고죄에 관하여 형법 제156조에 의하면 "타인으로 하여금 형사처분 또는 징계처분을 받게 할 목적으로 공무소 또는 공무원에 대하여 허위의 사실을 신고한 자는 10년 이하의 징역 또는 1천 500만원 이하의 벌금에 처한다."라고 규정하고 있으며, 위 사안과 관련된 판례를 보면 "타인으로 하여금 형사처분을 받게 할 목적으로 공무소에 대하여 허위의 사실을 신고하였다고 하더라도, 그 사실이 친고죄로서 그에 대한 고소기간이 경과하여 공소를 제기할 수 없음이 그 신고 내용 자체에 의하여 분명한 때에는 당해 국가기관의 직무를 그르치게 할 위험이 없으므로 이러한 경우에는 무고죄는 성립하지 아니한다."라고 하였습니다(대법원 1998. 4. 14. 선고 98도150 판결).

따라서 귀하의 여동생에 있어서도 무고죄는 성립되지 않을 것으로 보여집니다.

공소시효가 명백히 완성된 허위사실을 고소한 경우 무고죄여부

甲은 乙에게 돈을 대여하고 乙이 작성·교부한 차용증을 근거로 오래 전부터 대여금의 청구를 하였으나, 乙은 차일피일 미루기만 하더니 6년 전에는 위 차용증을 甲이 위조하여 대여금을 청구한다고 사문서위조죄로 형사고소 하였는바, 이 경우 乙이 무고죄로 처벌되지 않는지요?

➡ 처벌되지 않을 것으로 보입니다,

형법 제231조에 의하면 "행사할 목적으로 권리·의무 또는 사실증명에 관한 타인의 문서 또는 도화를 위조 또는 변조한 자는 5년 이하의 징역 또는 1천만원 이하의 벌금에 처한다."라고 규정하고 있으며, 형사소송법 제249조 제1항 제4호는 장기 10년 미만의 징역 또는 금고에 해당하는 범죄에는 5년의 경과로 공소시효가 완성된다고 규정하고 있으므로 사문서위조죄의 공소시효기간은 5년입니다. 그런데 공소시효의 기산점은 범죄행위의 종료시점부터 시효가 진행되므로(형사소송법 제252조 제1항), 위 사안에서 乙이 주장하는 甲의 현금보관증 위조행위는 6년 전에 행하여졌다고 하므로 그 고소내용만으로도 공소시효기간이 경과되었음이 명백하게 드러나는 경우인데, 이러한 경우 乙에게 무고죄를 인정할 수 있을 것인지 문제됩니다.

형법 제156조에 의하면 무고죄에 관하여 "타인으로 하여금 형사처분 또는 징계처분을 받게 할 목적으로 공무소 또는 공무원에 대하여 허위의 사실을 신고한 자는 10년 이하의 징역 또는 1,500만원 이하의 벌금에 처한다."라고 규정하고 있는데, 판례를 보면 "객관적으로 고소사실에 대한 공소시효가 완성되었더라도 고소를 제기하면서 마치 공소시효가 완성되지 아니한 것처럼 고소한 경우에는 국가기관의 직무를 그르칠 염려가 있으므로 무고죄를 구성한다."라고 하였으나(대법원 1995. 12. 5. 선고 95도1908 판결), "타인으로 하여금 형사처분을 받게 할 목적으로 공무소에 대하여 허위사실을 신고하였다고 하더라도, 신고된 범죄사실에 대한 공소시효가 완성되었음이 신고내용 자체에 의하여 분명한 경우에는 형사처분의 대상이 되지 않는 것이므로 무고죄가 성립하지 아니한다."라고 하였으며(대법원 1994. 2. 8. 선고 93도3445 판결), "허위사실을 신고한 경우라도 그 사실이 사면되어 공소권이 소멸된 것이 분명한 때에는 무고죄는 성립되지 아니한다."라고 하였습니다(대법원 1970. 3. 24. 선고 69도2330 판결).

따라서 위 사안에서 乙의 행위에 관하여 고소내용에 6년 전에 사문서를 위조하였다는 것이 명백히 드러난 경우라면 무고죄는 성립되지 않을 것으로 보입니다.

고소인을 무고죄로 고소한 피고인
이 유죄판결될 경우 무고죄여부

甲女는 남편 乙이 丙女와 부정행위를 하여 그들을 간통죄로 고소하였는데, 丙女는 乙과 간통한 사실이 없음에도 甲女가 간통죄로 고소하였다는 이유로 甲女를 무고죄로 고소하였습니다. 그런데 乙과 丙女가 간통죄로 유죄판결을 받았는바, 이 경우 丙女를 무고죄로 문제삼을 수 있는지요?

➡ **무고죄가 성립합니다.**

　　형법 제156조에 의하면 "타인으로 하여금 형사처분 또는 징계처분을 받게 할 목적으로 공무소 또는 공무원에 대하여 허위의 사실을 신고한 자는 10년 이하의 징역 또는 1,500만원 이하의 벌금에 처한다."라고 규정하고 있습니다.
　　그리고 피고인의 간통행위가 유죄로 인정된다면 그 간통행위를 고소한 고소인을 무고죄로 고소한 피고인에게 무고죄의 범의가 인정되는지에 관한 판례를 보면, "피고인의 간통행위가 유죄로 인정된다면, 그 간통행위를 고소한 고소인의 행위를 허위사실의 신고라고 하여 무고죄로 고소하기에 이른 피고인에게는 그 신고사실이 허위라는 인식이 있었다고 보아야 하므로, 설사 피고인의 고소가 간통사실이 없다는 점을 강조하고 피의사실을 적극 방어하기 위한 것이었다 하더라도 피고인에게 무고죄의 범의(犯意)를 인정할 수밖에 없다."라고 하였습니다(대법원 1995. 3. 17. 선고 95도162 판결).

따라서 위 사안에서 丙女는 간통행위가 유죄로 인정된다면 甲女에 대한 무고죄가 성립될 것으로 보입니다.

남편이 간통한 경우 상대방 여자만 고소하여 처벌할 수 있는지?

저는 10년 전 김갑돌과 혼인하여 두 자녀를 양육하는 주부이며 김갑돌은 42세의 회사원입니다. 김갑돌이 최근 들어 옷에서 여자향수냄새가 나고 귀가시간이 일정하지 않아 교제하는 여자가 있다는 확신을 가지고 미행하던 중 김갑돌과 이을녀가 여관으로 들어가는 것을 목격하였습니다. 김갑돌의 행위는 괘씸하지만 아이들 때문에 용서 한 후 같이 살기를 원하지만, 이을녀는 고소하여 처벌하려고 합니다. 이것이 가능한지요?

➡ 남편과 이혼하지 않고서는 남편을 간통죄로 처벌할
　수 없고 남편의 정부만 처벌받게 하는 방법도 없습
　니다.

　　간통죄(형법 제241조)는 배우자 있는 자가 다른 사람과 정교관계를 가지면 성립하는 범죄로 배우자의 고소가 있어야 논할 수 있는 친고죄(親告罪)이며, 그 행위를 안 날로부터 6개월 이내에 고소하여야 적법한 고소가 됩니다.
　　형사소송법 제233조에 의하면 "친고죄의 공범 중 그 1인 또는 수인에 대한 고소 또는 그 취소는 다른 공범자에 대하여도 효력이 있다."라고 규정하고 있으

므로 친고죄의 고소는 공범관계에 있는 1인에 대하여
만 하여도 전원에 대하여 한 것과 같은 효력이 있습
니다.

따라서 귀하가 이을녀만을 고소한다고 하여도 김갑
돌에 대하여도 고소한 것과 마찬가지의 효력이 있다
고 하겠습니다.

그리고 간통한 자의 배우자가 간통죄를 고소하려면
혼인이 해소되거나 이혼소송을 제기한 후가 아니면
고소할 수 없고 이에 위반된 고소는 고소로서 효력이
없으며, 고소 후 다시 혼인을 하거나 이혼소송을 취하
한 때에는 고소는 취소된 것으로 간주합니다(형사소
송법 제229조).

따라서 귀하는 남편과 이혼하지 않고서는 남편을 간
통죄로 처벌할 수 없고 남편의 정부만 처벌받게 하는
방법도 없습니다.

사실혼관계의 당사자일방이 타인과 동거하는 경우 간통죄가 되는지?

저는 13년 전 처와 결혼하였으나 혼인신고를 하지 않은 채 지내오던 중 처가 갑자기 가출하였습니다. 그 후 처의 소재를 탐문한 결과 다른 남자와 함께 살고 있음을 확인하였는데, 처를 간통죄로 고소할 수 있는지요?

➡ **사실혼해소 및 손해배상을 청구할 수 있을 것이나, 간통죄는 성립하지 않습니다.**

형법 제241조 제1항 전단을 보면 "배우자있는 자가 간통한 때에는 2년 이하의 징역에 처한다."라고 규정되어 있습니다. 그러므로 간통죄의 주체는 「배우자있는 자」가 될 것이며 여기서 「배우자」란 법률상의 혼인관계에 있는 배우자를 의미한다 하겠습니다.

귀하의 경우처럼 혼인신고를 하지 않은 사실상의 배우자관계에 불과한 경우에는 귀하의 처를 간통죄의 주체로 볼 수 없을 것입니다.

우리 민법도 법률혼주의를 채택하여 가족관계의 등록 등에 관한 법률에 따른 혼인신고가 있을 때에만 법률상 배우자로 보게 됩니다(민법 제810조, 제812조). 따라서 귀하와 처가 13년 동안 사실혼관계를 맺어 왔다 하더라도 혼인신고가 되어 있지 않으므로, 귀

하가 처를 간통죄로 고소할 수 없을 것으로 생각됩니
다.

그런데 위와 같은 사실혼은 법률혼과 달리 당사자일
방이 임의로 해소할 수 있지만, 정당한 사유가 없는
한 사실혼관계파기에 책임 있는 당사자는 상대방에
대하여 그로 인한 손해배상책임이 있습니다.

그러므로 귀하는 사실혼관계에 있는 처(妻)의 부정
을 이유로 사실혼해소 및 손해배상을 청구할 수 있을
것이며, 그 상간한 남자에 대하여도 민사상으로 사실
혼의 부부관계를 불법하게 침해한 것에 대한 손해배
상을 청구해 볼 수 있다고 하겠습니다(민법 제750
조).

간통행위 유죄된 경우 고소인을 무고죄로 고소한 피고인에게 무고죄가 인정되는지?

김갑순은 남편 이을남이 최병미와 부정행위를 하여 그들을 간통죄로 고소하였는데, 최병미는 이을남과 간통한 사실이 없음에도 김갑순이 간통죄로 고소하였다는 이유로 김갑순을 무고죄로 고소하였습니다. 그런데 이을남과 최병미가 간통죄로 유죄판결을 받았는바, 이 경우 최병미를 무고죄로 문제삼을 수 있는지요?

➡ 무고죄가 성립될 것으로 보입니다.

　　형법 제156조에서는 "타인으로 하여금 형사처분 또는 징계처분을 받게 할 목적으로 공무소 또는 공무원에 대하여 허위의 사실을 신고한 자는 10년 이하의 징역 또는 1,500만원 이하의 벌금에 처한다."라고 규정하고 있습니다.
　　그리고 피고인의 간통행위가 유죄로 인정된다면 그 간통행위를 고소한 고소인을 무고죄로 고소한 피고인에게 무고죄의 범의가 인정되는지에 관한 판례를 보면, "피고인의 간통행위가 유죄로 인정된다면, 그 간통행위를 고소한 고소인의 행위를 허위사실의 신고라고 하여 무고죄로 고소하기에 이른 피고인에게는 그 신고사실이 허위라는 인식이 있었다고 보아야 하므로, 설사 피고인의 고소가 간통사실이 없다는 점을 강조하고 피의사실을 적극 방어하기 위한 것이었다 하더라도 피고인에게 무고죄의 범의(犯意)를 인정할 수밖에 없다."라고 하였습니다(대법원 1995. 3. 17. 선고 95도162 판결).

따라서 위 사안에서 최병미는 간통행위가 유죄로 인정된다면 김갑순에 대한 무고죄가 성립될 것으로 보입니다.

간통사실을 안 후 상간자에게 받은 각서가 간통유서인지

甲女는 남편 乙이 丙女와 간통한 사실을 알고 丙女를 만나 다시는 乙과 만나지 않겠다는 각서를 받았습니다. 그런데 다시 생각해보니 분해서 견딜 수가 없으므로 乙과 丙女를 간통죄로 고소하려고 하는데, 이 경우 고소하면 乙과 丙女가 처벌을 받게 되는지요?

➡ **다시 만나서 간통하는 경우 고소할 수 있습니다.**

간통죄에 대하여 형법 제241조에 의하면 "①배우자 있는 자가 간통한 때에는 2년 이하의 징역에 처한다. 그와 상간한 자도 같다. ②전항의 죄는 배우자의 고소가 있어야 논한다. 단, 배우자가 간통을 종용(慫慂) 또는 유서(宥恕)한 때에는 고소할 수 없다."라고 규정하고 있으며, 여기서 '종용'이란 사전동의를 의미하고, '유서'란 사후용서를 의미합니다.

그러므로 위 사안에서 甲女가 丙女로부터 '다시는 乙과 만나지 않겠다.'는 각서를 받은 행위가 위 규정 중 유서(宥恕)에 해당되는지에 관하여 판례를 보면, "간통죄에 있어서의 유서는 배우자의 일방이 상대방의 간통사실을 알면서도 혼인관계를 지속시킬 의사로 악감정을 포기하고 상대방에게 그 행위에 대한 책임을 묻지 않겠다는 뜻을 표시하는 일방행위로서, 간통의 유서는 명시적으로 할 수 있음은 물론 묵시적으로도 할 수 있는 것이어서 그 방식에 제한이 있는 것은 아니지만, 감정을 표현하는 어떤 행동이나 의사의 표시가 유서로 인정되기 위해서는, 첫째 배우자의 간통사실을 확실하게 알면서 자발적으로 한 것이어야 하고, 둘째 그와 같은 간통사실에도 불구하고 혼인관계를 지속시키려는 진실한 의사가 명백하고 믿을 수 있는 방법으로 표현되어야 하는 것이다."라고 하면서 "배우자의 간통사실을 알고 난 후 그 상대방으로부터 배우자를 더 이상 만나지 않겠다는 합의각서를 받은 경우, 간통의 유서에 해당한다."라고 하였습니다(대법원 1999. 8. 24. 선고 99도2149 판결, 2000. 7. 7. 선고2000도868 판결).

따라서 위 사안에서 甲女는 각서를 작성하기 이전에 행한 乙과 丙女의 간통행위에 대해서는 간통죄로 고소할 수 없을 것으로 보입니다. 다만, 간통죄는 성교행위마다 1개의 죄가 성립하는 것이므로(대법원 1989. 9. 12. 선고 89도54 판결), 각서작성 이후에도 乙과 丙女가 다시 만나서 간통행위를 하였다면 그 부분에 대해서는 간통죄로 고소할 수 있을 것입니다.

참고로 "배우자의 객관적인 의사표시, 즉 '용서해줄 것이니 자백하라.'고 말한 것만으로는 간통을 유서한 때에 해당한다고 보기 어렵다."라고 한 사례가 있습니다(대법원 1991. 11. 26. 선고 91도2409 판결).

수년 계속된 간통사실을 문제삼지 않은 경우 간통유서여부

甲女는 남편 乙이 丙女와 수년간 동거하면서 간통하고 있음을 알고 있었지만, 자녀들의 문제 등을 고려하여 그대로 놔두었으나 이제는 더 참을 수가 없어서 간통죄로 고소하려고 합니다. 이 경우 甲女가 고소를 할 수 있는지요?

➡ 고소할 수 있습니다.

간통죄에 관하여 형법 제241조에 의하면 "①배우자 있는 자가 간통한 때에는 2년 이하의 징역에 처한다. 그와 상간한 자도 같다. ②전항의 죄는 배우자의 고소가 있어야 논한다. 단, 배우자가 간통을 종용(慫慂) 또는 유서(宥恕)한 때에는 고소할 수 없다."라고 규정하고 있습니다. 위 규정의 종용이란 사전 동의를 의미하고, 유서란 사후 용서를 의미합니다.

간통의 유서의 방식과 요건에 관하여 판례를 보면, "형법 제241조 제2항에서 이르는 유서는 민법 제841조에 규정되어 있는 사후용서와 같은 것으로서, 배우자의 일방이 상대방의 간통사실을 알면서도 혼인관계를 지속시킬 의사로 악감정을 포기하고 상대방에게 그 행위에 대한 책임을 묻지 않겠다는 뜻을 표시하는 일방행위" 라고 하면서 "유서는 명시적으로 할 수 있음은 물론 묵시적으로도 할 수 있는 것이어서 그 방식에 제한이 있는 것은 아니지만, 감정을 표현하는 어떤 행동이나 의사의 표시가 유서로 인정되기 위하여는, 첫째 배우자의 간통사실을 확실하게 알면서 자발적으로 한 것이어야 하고, 둘째 그와 같은 간통사실에도 불구하고 혼인관계를 지속시키려는 진실한 의사가 명백하고 믿을 수 있는 방법으로 표현되어야 하는 것"이라고 하였습니다(대법원 1991. 11. 26. 선고 91도2409 판결).

위 사안과 같이 아내가 남편의 부정행위를 알면서 그대로 놔둔 것이 간통유서에 해당되는지에 관하여 판례는 "피고소인들이 수년간 동거하면서 간통하고 있음을 고소인이 알면서 특별한 의사표시나 행동을 하지 않은 경우에 그러한 사정만으로는 고소인이 그 간통을 묵시적으로 유서 하였다고 볼 수 없다."라고 하였습니다(대법원 1999. 5. 14. 선고 99도826 판결).

따라서 위 사안의 경우 甲女가 수년간 乙의 간통사실을 알고도 문제삼지 않은 자세한 사정을 구체적으로 파악하여 간통의 유서에 해당될 수 있는지 여부를 검토하여야 할 것이지만, 질의에서 나타난 것처럼 단순히 부정행위를 알면서도 수년간 문제삼지 않았다는 사정만으로는 간통의 유서에 해당되어 고소할 수 없다고 결론은 내릴수없을 것으로 보입니다.

참고로 판례는 "간통죄의 고소 이후 이혼 등 청구의 소가 계속 중에 혼인 당사자인 고소인과 피고소인이 동침한 사실이 있다는 사정만으로는 고소인이 피고소

인의 간통행위를 유서 하였다고 볼 수 없다."라고도
하였습니다(대법원 2000. 7. 7. 선고 2000도868
판결).

간통죄로 고소하려면 범죄현장을
목격하여야만 하는지

저는 남편 乙이 제3의 여자와 간통하는 듯하여 그것을 문제
삼고자 하는데, 그들의 그러한 행동이 은밀히 이루어지므로
증거를 확보하기가 어려워 망설이고 있습니다. 이 경우 그들
의 간통현장을 목격하여야만 간통죄로 처벌할 수 있는지요?

➡ 간접증거만으로도 고소할 수 있습니다,

　　남녀간의 정사에 관한 범죄의 증거인정에 관련된 판
례를 보면, "남녀간의 정사를 내용으로 하는 강간, 간
통, 강제추행, 업무상 위력 등에 의한 간음 등의 범죄
에 있어서는 행위의 성질상 당사자간에서 극비리에
또는 외부에서 알기 어려운 상태하에서 감행되는 것
이 보통이고, 그 피해자 외에는 이에 대한 물적 증거
나 직접적 목격증인 등의 증언을 기대하기가 어려운
사정이 있는 것이라 할 것이니, 이런 범죄는 피해자의
피해전말에 관한 증언을 토대로 하여 범행의 전후사
정에 관한 제반증거를 종합하여 우리의 경험법칙에
비추어서 범행이 있었다고 인정될 수 있는 경우에는
이를 유죄로 인정할 수 있는 것이다."라고 하였으며
(대법원 1976. 2. 10. 선고 74도1519 판결), "남
녀간의 정사를 내용으로 하는 간통죄는 행위의 성질
상 통상 당사자간에 극비리에, 또는 외부에서 알아보

기 어려운 상태 하에서 감행되는 것이어서 이에 대한 직접적인 물적 증거나 증인의 존재를 기대하기가 극히 어렵다 할 것이어서, 간통죄에 있어서는 범행의 전후 정황에 관한 제반 간접증거들을 종합하여 경험칙상 범행이 있었다는 것을 인정할 수 있을 때에는 이를 유죄로 인정하여야 하고, 서로 사랑하여 상대방을 재혼대상으로까지 생각하고 있었던 성인 남녀가 심야에 여관에 함께 투숙하였고, 투숙한지 1시간 30분 가량 지난 뒤에 그들이 함께 묵고 있던 여관 객실에 다른 사람들이 들어가 보니 남자는 팬티만을 입고 있었고 여자는 팬티와 브라우스만을 입고 있었으며 방바닥에 구겨진 화장지가 여러 장 널려 있었다면 두 남녀가 서로 정을 통하였다고 인정하는 것이 경험칙에 비추어 상당하다."라고 본 사례가 있습니다(대법원 1997. 7. 25. 선고 97도974 판결, 헌법재판소 2000. 11. 30. 선고 2000헌마439 결정).

따라서 귀하가 乙을 간통죄로 고소하기 위해서 반드시 간통현장을 목격하여야 하는 것은 아니라고할 것입니다. 그러나 막연히 乙의 행동이 수상하고 간통의 심증이 간다는 정도로서는 부족하고, 범행의 전후 정황에 관한 제반 간접증거들을 종합하여 경험칙상 간통이 있었다는 것을 인정할 수 있을 때에는 고소를 해볼 수도 있을 것입니다.

동거하는 삼촌의 노트북을 훔친 경 우 친족간을 이유로 면책되는지

저는 저의 집에서 함께 살고 있는 삼촌의 휴대용 노트북을 훔친 죄로 고소당하여 경찰서에서 조사를 받고 있습니다. 주 위에서 친족간의 범행은 처벌받지 않고 전과기록에도 기재되 지 않는다고 하는데 사실인지요?

➡ **사실입니다.**

전과기록이라 함은 검찰청 및 군검찰부에서 관리하 는 수형인명부(受刑人名簿), 수형인의 본적지 시·구· 읍·면사무소에서 관리하는 수형인명표(受刑人名票) 및 경찰청에서 관리하는 수사자료표(搜査資料票)를 말합니다(형의실효등에관한법률 제2조).

형법 제328조 및 제344조에 의하면 직계혈족, 배 우자, 동거친족, 동거가족 또는 그 배우자간의 절도의 죄는 형을 면제한다고 규정하고 있으며, 형의실효등에 관한법률 제5조 제1항 단서에 의하면 즉결심판대상 자, 사법경찰관리가 수리한 고소 또는 고발사건 중 불 기소처분사유에 해당하는 사건의 피의자에 대해서는 수사자료표를 작성하지 않도록 되어 있습니다.

따라서 위 사안의 경우 귀하는 삼촌과 동거하는 친 족으로서 형법 제328조, 제344조에 의해 형이 면제 되므로 불기소처분을 받게될 것이고 수사자료표를 작 성하지 않으므로 전과자로 기록되지 않을 것입니다.

친구와 함께 친구 할아버지의 물건을 훔친 경우 처벌여부

저의 아들 甲은 친구 乙과 함께 乙의 조부 丙의 집에 침입하여 시가 200만원 상당의 금품을 절취하여 유흥비로 소비하였습니다. 그런데 丙은 손자인 乙에게는 책임을 묻지 않고 저의 아들 甲에게만 위 금품의 변상을 요구하며 변상하지 않으면 형사상 고소하겠다고 합니다. 丙이 고소할 경우 저의 아들 甲만 처벌받아야 하는지요?

➡ 그렇습니다.

　일정한 재산죄에 대하여 형법은 친족사이의 범죄에 관하여 특례를 규정하고 있는바, 이를 '친족상도례(親族相盜例)'라고 합니다.
　형법 제328조 제1항에 의하면 직계혈족, 배우자, 동거친족, 동거가족, 또는 그 배우자간의 권리행사방해죄는 그 형을 면제하도록 규정하고 형법 제344조에 의하면 이를 절도죄에도 준용하고 있습니다. 그러나 이러한 특별규정은 친족 이외의 공범자에게는 적용하지 아니한다고 규정하고 있습니다(형법 제328조 제3항).
　따라서 위 사안의 경우 손자인 乙은 丙의 직계혈족이므로 범죄는 성립되나 그 처벌을 받지 않게 되고, 귀하의 아들 甲은 丙과 위와 같은 신분관계가 없는 공범으로서 제328조 제3항과 이를 준용하는 제344 조에 의하여 형사처벌을 면제받을 수 없게 됩니다.

참고로 친족이 타인의 재물을 보관하고 있는 경우에 친족관계에 있는 자가 절취행위를 하였을 때에는 위 특례는 적용되지 아니합니다. 왜냐하면 재물의 점유자 뿐만 아니라 그 소유자에 대하여도 절취행위자와의 사이에 위와 같은 신분관계가 있어야 하기 때문입니다. 판례도 "친족상도례에 관한 규정은 범인과 피해물 건의 소유자 및 점유자 모두 사이에 친족관계가 있는 경우에만 적용되는 것이고, 절도범인이 피해물건의 소유자나 점유자의 어느 일방과 사이에서만 친족관계가 있는 경우에는 그 적용이 없다."라고 하였습니다(대법원 1980. 11. 11. 선고 80도131 판결, 1983. 10. 13. 선고 83노1977 판결).

그러므로 제3자가 보관하고 있는 재물을 그 소유자와 친족관계에 있는 자가 절취한 경우에도 위 특례는 적용되지 아니합니다.

장인을 기망하여 5억원을 차용한 경우 친족상도례규정 적용여부

甲은 乙의 사위로서 있지도 않은 사업체를 운영한다면서 수차에 걸쳐 5억원을 사업자금으로 차용해가고서 단 한푼도 변제하지 않았고, 그로 인하여 乙의 딸인 丙과 이혼까지 하게 되었습니다. 그러므로 乙은 甲을 사기죄로 고소하여 구속·기소되었으나, 甲이 백배사죄하고 丙도 자녀들의 아버지임을 감안하여 고소를 취하해주기를 원하므로 고소를 취하해주려고 하는데, 이 경우 고소를 취하해주면 甲이 전혀 처벌을 받지 않게 되는지요?

➡ **1심판결전에 해주어야 합니다.**

사기죄에 관하여 형법 제347조 제1항에 의하면 "사람을 기망하여 재물의 교부를 받거나 재산상의 이익을 취득한 자는 10년 이하의 징역 또는 2,000만원 이하의 벌금에 처한다."라고 규정하고 있으며, 형법 제328조, 제354조에 의하면 동거하지 아니하는 친족간에 사기죄를 범한 경우에는 고소가 있어야 공소를 제기할 수 있다고 규정하고 있습니다.

그런데 특정경제범죄가중처벌등에관한법률 제3조 제1항 제2호에 의하면 사기죄를 범한 자가 그 범죄행위로 인하여 취득한 재물 또는 재산상 이득액이 5억원 이상 50억원 미만인 때에는 3년 이상의 유기징역에 처하고, 같은 조 제2항에 의하면 이득액 이하에 해당하는 벌금을 병과(倂科)할 수 있다고 규정되어 있습니다.

그러므로 위 사안에서 甲은 편취한 금원이 5억원 이상이므로 특정경제범죄가중처벌등에관한법률위반죄가 문제될 것인데, 친족상도례(親族相盜例: 친족간의 범행의 특례)에 관한 형법규정이 특정경제범죄가중처벌등에관한법률 제3조 제1항 위반죄에도 적용되는지에 관하여 판례를 살펴보면, "형법 제354조, 제328조의 규정을 종합하면, 직계혈족, 배우자, 동거친족, 동거가족 또는 그 배우자간의 사기 및 사기미수의 각 죄는 그 형을 면제하여야 하고, 그 외의 친족간에는 고소가 있어야 공소를 제기할 수 있으며, 또한 형법상 사기죄의 성질은 특정경제범죄가중처벌등에관한법률 제3조 제1항에 의해 가중처벌 되는 경우에도 그대로 유지되고, 특별법인 특정경제범죄가중처벌등에관한법률에 친족상도례에 관한 형법 제354조, 제328조의 적용을 배제한다는 명시적인 규정이 없으므로, 형법 제354조는 특정경제범죄가중처벌등에관한법률 제3조 제1항 위반죄에도 그대로 적용된다."라고 하였습니다(대법원 2000. 10. 13. 선고 99오1 판결).

위 사안에 있어서 甲과 乙의 관계는 1촌인 인척이고, 민법 제777조가 4촌 이내의 인척을 친족으로 규정하고 있으므로 甲과 乙은 친족상도례의 적용에 있어서 친족이 됩니다. 또한, 甲과 丙이 이혼을 하였다고 하더라도 친족상도례의 신분관계가 범죄행위시에

존재하였다면 그 이후에 그 신분관계가 소멸하여도 여전히 친족상도례가 적용되게 됩니다.

형사소송법 제327조 제5호는 고소가 있어야 죄를 논할 사건에 대하여 고소의 취소가 있은 때에는 판결로써 공소기각의 선고를 하여야 한다고 규정하고 있습니다.

따라서 위 사안에서 乙이 고소를 취소한다면 甲은 공소기각의 판결을 받아 처벌되지 않을 것입니다. 다만, 판례는 "친고죄에 있어서의 고소의 취소는 제1심 판결선고 전까지만 할 수 있다고 형사소송법 제232조 제1항에 규정되어 있어 제1심 판결선고 후에 고소가 취소된 경우에는 그 취소의 효력이 없으므로 형사소송법 제327조 제5호의 공소기각의 재판을 할 수 없다."라고 하였으므로(대법원 1985. 2. 8. 선고 84도2682 판결), 乙이 고소를 취하하려면 제1심 판결이 선고되기 전에 하여야 할 것입니다.

야간에 삼촌을 협박하여 돈을 갈취한 경우 친족상도례 적용여부

甲은 삼촌 乙이 운영하는 개인사업체의 고용원으로 일하다가 불화가 발생하여 그만둔 후 야간에 乙을 만나 乙이 탈세한 것을 국세청에 고발하겠다고 고발장을 보이면서 위협하고 300만원을 요구하여 받아갔습니다. 그러나 그 이후에도 甲이 다시 만나자고 전화를 걸어오므로 乙은 甲을 관할경찰서에 고소하였습니다. 甲의 부모가 고소취하를 간절히 원하고 甲도 뉘우치고 있으므로 乙은 고소를 취하하려고 하는데, 고소를 취하하면 甲이 처벌받지 않을 수 있는지요?

➡ **처벌받지 않을 수 있습니다.**

형법 제350조 제1항에 의하면 공갈죄에 관하여 "사람을 공갈하여 재물의 교부를 받거나 재산상의 이익을 취득한 자는 10년 이하의 징역 또는 2,000만원 이하의 벌금에 처한다."라고 규정하고 있으며, 형법 제328조, 제354조에 의하면 동거하지 아니하는 친족간에 공갈죄를 범한 경우에도 고소가 있어야 공소를 제기할 수 있다고 규정하고 있습니다.

위 사안에서 甲이 탈세사실을 국세청에 고발한다고 하는 것이 공갈에 해당할 수 있을 것인지에 관련하여 판례를 보면, "피해자의 고용인을 통하여 피해자에게 피해자가 경영하는 기업체의 탈세사실을 국세청이나 정보부에 고발한다는 말을 전하였다면 이는 공갈죄의 행위에 착수한 것이라 할 것이다."라고 하였으며(대법원 1969. 7. 29. 선고 69도984 판결), "정당한 권리가 있다 하더라도 그 권리행사를 빙자하여 사회통념상 용인되기 어려운 정도를 넘는 협박을 수단으로 상대방을 외포(畏怖)케 하여 재물의 교부 또는 재산상의 이익을 받으려 하였다면 공갈죄가 성립한다."라고 하였습니다(대법원 1996. 3. 22. 선고 95도2801 판결, 2000. 2. 25. 선고 99도4305 판결).

따라서 위 사안에서 甲의 乙에 대한 행위는 공갈죄의 공갈에 해당된다고 볼 수 있을 것입니다.

그런데 폭력행위등처벌에관한법률 제2조 제2항에 의하면 야간에 형법 제350조(공갈)의 죄를 범한 자는 형법 제350조에 정한 형의 2분의 1까지 가중한다고 규정하고 있습니다.

여기서 공갈죄가 야간에 범하여져 폭력행위등처벌에관한법률 제2조 제2항에 의해 가중처벌 되는 경우 친족상도례의 적용이 있는지에 관한 판례를 보면, "공갈죄가 야간에 범하여져 폭력행위등처벌에관한법률 제2조 제2항에 의해 가중처벌 되는 경우에도 형법상 공갈죄의 성질은 그대로 유지되는 것이고, 특별법인 위 법률에 친족상도례에 관한 형법 제354조, 제328조의 적용을 배제한다는 명시적인 규정이 없으므로, 형법 제354조는 위 특별법 제2조 제2항 위반죄에도 그대로 적용된다고 보아야 할 것이다."라고 하였습니다(대법원 1994. 5. 27. 선고 94도617 판결).

따라서 위 사안에서 乙이 고소를 취하한다면 甲은 공소기각의 판결을 받아 처벌되지 않을 것으로 보입니다(형사소송법 제327조 제5호).

감금행위가 강간의 수단이 된 경우
감금죄 성립여부

甲은 주간에 乙女를 그의 주택의 빈방에 감금한 채 강간을 하였습니다. 이 경우 乙女가 강간죄에 대한 고소를 취소하였을 경우 甲을 감금죄로 처벌할 수 있는지요?

➡ 감금죄로 처벌됩니다.

　　형법 제276조 제1항에 의하면 "사람을 체포 또는 감금한 자는 5년 이하의 징역 또는 700만원 이하의 벌금에 처한다."라고 규정하고 있습니다.

　　그런데 위 사안에서와 같이 감금행위가 강간죄의 수단이 된 경우 감금죄가 강간죄에 흡수되어 별도로 죄가 성립되지 않는지 문제됩니다.

　　이에 관련된 판례를 보면, "감금행위가 강간죄나 강도죄의 수단이 된 경우에도 감금죄는 강간죄나 강도죄에 흡수되지 아니하고 별죄(別罪)를 구성한다."라고 하였으며(대법원 1997. 1. 21. 선고 96도2715 판결), "강간죄의 성립에는 언제나 필요한 수단으로 감금행위를 수반하는 것은 아니므로, 감금행위가 강간죄의 목적을 달하려고 일정한 장소에 인치(引致)하기 위한 수단이 되었다 하여 그 감금행위가 강간죄에 흡수되어 범죄를 구성하지 않는다고 할 수 없고, 위 감금행위가 독립한 별개의 죄가 되는 이상 피해자가 강간죄의 고소를 취소하였다 하더라도 이는 위 감금죄에 대하여는 아무런 영향을 미치지 아니한다."라고 하였습니다(대법원 1984. 8. 21. 선고 84도1550 판결).

또한, "강간죄의 성립에 언제나 직접적으로 또 필요한 수단으로서 감금행위를 수반하는 것은 아니므로, 감금행위가 강간미수죄의 수단이 되었다 하여 감금행위는 강간미수죄에 흡수되어 범죄를 구성하지 않는다고 할 수는 없는 것이고, 그때에는 감금죄와 강간미수죄는 일개의 행위에 의하여 실현된 경우로서 형법 제40조의 상상적 경합관계에 있고, 형법 제40조의 소위 상상적 경합은 1개의 행위가 수 개의 죄에 해당하는 경우에는 과형상 1죄로서 처벌한다는 것이고, 또 가장 중한 죄에 정한 형으로 처벌한다는 것은 경한 죄는 중한 죄에 정한 형으로 처단된다는 것이지, 경한 죄는 그 처벌을 면한다는 것은 아니므로, 이 사건에서 중한 강간미수죄가 친고죄로서 고소가 취소되었다 하더라도 경한 감금죄(폭력행위등처벌에관한법률위반)에 대하여는 아무런 영향을 미치지 않는다."라고 하였습니다(대법원 1983. 4. 26. 선고 83도323 판결).

따라서 위 사안에 있어서도 甲은 乙女가 강간죄에 대한 고소를 취소한다고 하여도 감금에 대한 죄책을 면할 수는 없을 것으로 보입니다.

행정사가 고소장을 업무로 작성하면 법무사법 위반이 되는지

행정사가 경찰서에 제출할 고소장 작성을 위탁받아 업무로 작성하면 법무사법에 위반되는지, 또한 법무사 자격이 없는 사람이 친척 등의 부탁으로 위탁수수료나 보수 없이 고소장을 작성해준 경우에도 법무사법위반으로 처벌받게 되는지요?

➡ **무보수일 경우 처벌받지 않습니다.**

행정사법 제2조 제1항 제1호는 행정사의 업무로서 '행정기관에 제출하는 서류의 작성'을 할 수 있도록 규정되어 있으나, 행정사법 제2조 단서에 다른 법률에 의하여 제한되어 있는 것은 이를 행할 수 없다고 규정하고 있습니다.

그리고 법무사법 제3조 제1항은 법무사가 아닌 자는 법무사법 제2조에 규정된 사무를 업(業)으로 하지 못한다고 규정되어 있습니다.

형사고소장은 행정관청인 경찰청장이나 경찰서장에게 제출된다 하더라도 결국 법원과 검찰청에 관련되는 서류에 속한다 할 것이고, 그 결과 그 서류작성은 법무사의 업무범위에 속한다 할 것이므로, 행정사가 수수료를 받고 형사고소장을 작성하면 법무사법에 위반된다 할 것입니다(법무사법 제2조, 제3조, 제74조, 대법원 1989. 11. 28. 선고 89도1661 판결, 1987. 9. 22. 선고 87도1293 판결).

 그리고 법무사나 행정사의 자격이 없는 자가 행정기관에 제출하는 서류를 작성해준 경우 법무사법이나 행정사법에 위반되어 처벌되는 것은 보수나 수수료를 받고 위와 같은 행위를 업(業)으로 하는 경우이므로, 수수료나 보수 등 서류작성과 관련한 아무런 이익도 제공받지 않고 도와주는 입장에서 서류를 작성해주었다면 그 작성자가 법무사나 행정사의 자격이 없어도 법무사법이나 행정사법에 저촉되는 것은 아니라 할 것입니다.

 참고로 고소·고발장을 법무사만이 그 작성사무를 업(業)으로 할 수 있는 법원과 검찰청의 업무에 관련된 서류로 규정한 것이 일반행정사의 직업선택의 자유 등의 기본권을 침해하여 헌법에 위반되는지에 관하여 판례는 "법무사법이 정하는 요건을 갖추어 법무사가 된 자의 경우에는 법원과 검찰청의 업무에 관련된 서류로 고소·고발장의 작성업무에 종사할 만한 법률소양을 구비한 것으로 볼 수 있는 반면, 행정사법이 정하는 요건을 갖추어 일반행정사가 된 자의 경우에는 이러한 법률소양을 갖추었다는 보장을 할 수 없다. 따라서 고소·고발장의 작성을 법무사에게만 허용하고 일반행정사에 대하여 이를 하지 못하게 한 것은, 국민의 법률생활의 편익과 사법제도의 건전한 발전이라는 공익의 실현에 필요·적정한 수단으로서 그 이유에 합리성이 있으므로, 일반행정사의 직업선택의 자유나 평등권 등을 침해하는 것이라고 볼 수 없다."라고 하였습니다(헌법재판소 2000. 7. 20. 선고 98헌마52 결정).

검찰의 무혐의결정이 민사재판에 미치는 영향력

저는 甲으로부터 배추씨를 구입하면서 개량된 우수종자라는 말만 믿고 파종하였으나 종자불량으로 인하여 배추농사를 망쳤습니다. 甲은 乙로부터 위 종자를 구입하면서 그 품종이나 우수성에 관하여 자세히 알지 못하였음에도 개량된 우수종자라고 속였고, 가격도 일반종자보다 상당히 비싸게 판매하였으므로 저는 甲을 사기로 형사고소 하였으나 무혐의처리 되었습니다. 이 경우 제가 민사상 손해배상청구소송을 제기하는 경우에도 승소할 수 없는지요?

➡ 사실관계에 따라 달라집니다.

민사소송법 제202조에 의하면 "법원은 변론 전체의 취지와 증거조사의 결과를 참작하여 자유로운 심증으로 사회정의와 형평의 이념에 입각하여 논리와 경험의 법칙에 따라 사실주장이 진실한지 아닌지를 판단한다."라고 규정하고 있습니다.

그리고 검찰무혐의결정의 민사재판에서의 증명력에 관하여 판례는 "동일한 사실관계에 관한 형사판결은 유력한 증거자료가 되므로 민사재판에서 제출된 다른 증거들에 비추어 형사재판의 사실판단을 채용하기 어렵다고 인정되는 특별한 사정이 없는 한, 이와 반대되는 사실을 인정할 수 없다는 것이 대법원의 확립된

판례이지만, 검찰의 무혐의결정이유와 배치되게 사실
인정을 한 것이 채증법칙에 위배된다거나 대법원의
판례에 반한다고도 볼 수 없다."라고 하였습니다(대법
원 1995. 12. 26. 선고 95다21884 판결).

또한 "행정재판이나 민사재판은 반드시 검사의 무혐
의불기소처분 사실에 대하여 구속받는 것은 아니고
법원은 증거에 의한 자유심증으로써 그와 반대되는
사실을 인정할 수 있다."라고 하였습니다(대법원
1987. 10. 26. 선고 87누493 판결).

따라서 위 사안의 경우에도 단순히 검찰의 무혐의결
정사실만으로 민사사건에서 귀하가 불리하다고 할 수
는 없을 것이며, 실질적인 사실관계가 어떤 것이었느
냐에 따라서 재판의 결론이 달라질 수 있을 것입니다.

형사고소한 사건의 처리기간은 얼마나 되는지

저는 6개월 전 甲을 사기죄로 고소하였으나 수사기관에서는 매번 조사중이라고만 할 뿐 처벌하지 않아 그 동안 수 차례 진정한 사실이 있습니다. 고소를 접수할 경우 이를 처리하는 기간은 정해져 있는지? 또한, 이 경우 저는 언제까지 기다려야 하는지요?

➡ **3개월 이내입니다.**

　형사소송법 제237조에 의하면 형사사건의 고소 $고발은 검사 또는 사법경찰관에게 하도록 규정되어 있고, 사법경찰관(경찰서 등)에게 고소·고발을 한 경우에는 사법경찰관리집무규칙 제39조에 따라 2개월 이내에 수사를 완료하지 못하면 관할지방검찰청 또는 지청의 검사의 지휘를 받도록 되어 있습니다.
　그리고 같은 법 제238조에 의하면 "사법경찰관이 고소 또는 고발을 받은 때에는 신속히 조사하여 관계서류와 증거물을 검사에게 송부하여야 한다."라고 규정하고 있고, 같은 법 제246조에 의하면 "공소는 검사가 제기하여 수행한다."라고 규정하고 있으므로, 모든 고소·고발사건은 검사에게 송치하여야 하고, 검사가 공소제기여부를 결정하는바, 이것은 검사의 기소독점주의의 원칙에 따른 것입니다(형사소송법 제246

조) (예외: 재판상의 준기소절차 및 즉결심판).

고소·고발사건의 처리기간에 관하여는 구속사건과 불구속사건으로 나누어지는데 귀하의 경우는 불구속사건으로 보여지며, 그 처리기간에 관하여 형사소송법 제257조에 의하면 "검사가 고소 또는 고발에 의하여 범죄를 수사할 때에는 고소 또는 고발을 수리한 날로부터 3월 이내에 수사를 완료하여 공소제기여부를 결정하여야 한다."라고 규정하고 있습니다.

그러므로 검사는 고소·고발을 수리한 날로부터 3개월 이내에 수사를 완료하여 공소제기여부를 결정하여야 할 것이나 위와 같은 기간은 훈시기간에 불과하여 3개월경과 후의 공소제기여부의 결정도 유효한 것이라 할 것입니다.

따라서 귀하도 수사기관이 고소사건을 처리하지 못하는 사유를 알아보고 신속히 처리될 수 있도록 수사기관에 협조하심이 바람직하다고 생각됩니다.

참고로 형사고소사건에 대하여 검사가 불기소처분을 하게 되면 고소인으로서 이의를 제기하는 방법은 두 가지가 있는바, 첫째는 검찰에 항고 및 재항고를 한 후 헌법재판소에 헌법소원심판청구를 하는 방법이 있고, 둘째는 일정한 요건에 해당하는 경우 고등법원에 재정신청을 하는 경우가 있습니다{이것은 특정범죄(공무원의 직무에 관한 죄의 일부)에 한정되어 있음}. 다만, 이 두 가지 경우는 모두 수사가 종결된 후 검사의 불기소처분통지를 받고 이에 이의를 제기하는 방법일 뿐, 귀하의 경우와 같이 아직 수사가 진행중인 사건에 이의를 제기하는 방법은 아닙니다.

불기소처분 된 사건 고소인의 열람·등사청구권

저는 甲을 상대로 사기죄로 고소하였으나 수사결과 甲이 무혐의결정을 받았습니다. 하지만 공소부제기이유고지만으로는 확인되지 않은 참고인의 진술 등 甲이 저에게 채무가 있다는 것을 뒷받침할 만한 부분이 수사기록상 있을 것으로 보여져 수사기록일체를 열람·등사 신청하여 甲에 대한 민사소송제기 여부를 결정하고자 합니다. 제가 고소인 자격으로 그 수사기록전부를 열람 또는 등사할 수 있는지요?

➡ **일부에 대해서만 할 수 있습니다.**

공공기관의정보공개에관한법률 제5조 제1항에 의하면 "모든 국민은 정보의 공개를 청구할 권리를 가진다."라고 규정하고 있습니다. 그리고 검찰보존사무규칙 제20조 제2항은 재판확정기록에 관하여 고소인·고발인 또는 피해자도 청구하는 사유를 소명하여 본인의 진술이 기재된 서류에 대하여는 열람을, 본인이 제출한 서류와 실황조사서·진단서·감정서 등 비진술서류에 대하여는 열람·등사를 청구할 수 있다고 규정하고 있으며, 검찰보존사무규칙 제20조의2는 불기소사건기록(기소중지·참고인중지·공소보류 사건기록을 포함) 등의 열람·등사청구에 관하여도 고소인·고발인 또는 피해자도 불기소사건기록, 진정·내사사건기록 등 검사의

처분으로 완결된 사건기록 중 본인의 진술이 기재된
서류에 대하여는 열람을, 본인이 제출한 증거서류에
대하여는 열람·등사를 청구할 수 있다고 규정하고 있
습니다.

 그리고 열람·등사의 제한에 관하여 검찰보존사무규칙
제22조에 의하면 "검사는 다음 각호의 1에 해당하는
경우에는 기록의 열람·등사를 제한할 수 있다. 다만,
피고인이었던 자가 제20조제1항의 규정에 의하여 본
인의 진술이 기재된 서류나 본인이 제출한 서류에 대
하여 열람·등사를 청구하는 경우에는 그러하지 아니하
다.

 1. 기록의 공개로 인하여 국가의 안전보장, 선량한
    풍속 그 밖의 공공의 질서유지나 공공복리를 현
    저히 해칠 우려가 있는 경우
 2. 기록의 공개로 인하여 사건관계인의 명예나 사생
    활의 비밀 또는 생명·신체의 안전이나 생활의
    평온을 현저히 해칠 우려가 있는 경우
 3. 기록의 공개로 인하여 공범관계에 있는 자 등의
    증거인멸 또는 도주를 용이하게 하거나 관련 사
    건의 수사 또는 재판에 중대한 장애를 가져올 우
    려가 있는 경우
 4. 기록의 공개로 인하여 비밀로 보존하여야 할 수
    사방법상의 기밀이 누설되거나 불필요한 새로운
    분쟁이 야기될 우려가 있는 경우
 5. 그 밖에 기록을 공개함이 적합하지 아니하다고
    인정되는 현저한 사유가 있는 경우" 라고 규정하
    고 있습니다.

따라서 귀하의 경우에는 불기소처분이 되었으므로
검사의 처분으로 완결된 사건기록 중 본인의 진술이
기재된 서류에 대하여는 열람을, 본인이 제출한 증거
서류에 대하여는 열람·등사를 청구할 수 있을 것이고,
그렇지 아니한 기록의 열람 또는 등사가 절대적으로
금지되는 것이라고는 할 수 없을 것이나 위와 같이
정보공개에 관한 제한이 있으므로 검사의 허가여부에
따라 열람 또는 등사여부가 결정될 것으로 보입니다.
　귀하가 수사기록 열람·등사청구를 한 경우 검사가 청
구의 전부나 일부를 허가하지 아니하는 경우에는 청
구인에게 사건기록 열람·등사 불허가통지서에 그 이유
를 명시하여 통지하여야 하는데(검찰보존사무규칙 제
21조 제3항), 판례는 "구체적인 경우에 수사기록에
대한 정보공개청구권의 행사가 범위를 벗어난 것이라
고 하여 그 공개를 거부하기 위하여는 그 대상이 된
수사기록의 내용을 구체적으로 확인·검토하여 그 어느
부분이 어떠한 법익 또는 기본권과 충돌되는지를 주
장·입증하여야만 할 것이고, 그에 이르지 아니한 채
수사기록 전부에 대하여 개괄적인 사유만을 들어 그
공개를 거부하는 것은 허용되지 아니하고, 종결된 수
사기록에 대한 고소인의 열람·등사 청구에 대하여 그
내용을 이루는 각각의 수사기록에 대한 거부의 구체
적 사유를 밝히지 아니한 채 고소인이 제출한 서류이
외의 내용에 대한 열람·등사를 거부한 것이 고소인의
알 권리를 침해하였다."라고 하였습니다(대법원
1999. 9. 21. 선고 98두3426 판결).

다음으로 검사가 수사기록에 대한 열람·등사를 거부한 처분에 대하여 불복하는 방법으로는 이의신청을 할 수 있을 것이며, 이의신청을 거치지 않고도 행정심판을 청구할 수 있고, 최종적으로는 행정소송으로 다툴 수 있을 것이며(공공기관의정보공개에관한법률 제21조, 제22조), 직접 헌법소원심판의 대상으로 삼을 수는 없습니다(헌법재판소 2001. 2. 22. 선고 2000헌마620 결정).

참고로 수사기록의 열람·등사의 방법은 검사가 지정하는 일시·장소에서 하여야 하며, 보존사무담당직원은 열람에 참여하여 기록훼손 기타 불법행위가 발생하지 아니하도록 필요한 조치를 하여야 하고, 검사가 기록의 일부에 대하여서만 열람·등사를 허가한 경우 보존사무담당직원은 허가된 부분만 발췌하거나 다른 부분은 밀봉하는 등의 방법으로 허가되지 아니한 부분이 누설되지 아니하도록 필요한 조치를 하도록 되어 있습니다(검찰보존사무규칙 제22조의2, 제22조의3).

친고죄에 대한 합의서 교부 후 고소한 경우 그 효력

저는 미혼의 직장여성으로 회사에서 잔무를 처리하던 중 직장 상사의 친척 甲이 강제로 욕을 보이려는 것을 겨우 방어하였습니다. 저는 심한 모욕감을 느껴 고소하려 하였으나 직장상사 乙이 반 협박조로 화해를 종용하였고 저도 직장을 계속 다닐 수밖에 없어 조건 없이 '민·형사상 어떠한 이의도 제기하지 않겠다.'는 내용의 합의서를 작성해 주었습니다. 그러나 甲은 합의서를 받자마자 저를 비웃고 다니는데, 이 경우 제가 합의서를 써준 사실만으로 위 강간미수행위에 대한 고소권을 포기한 것으로 되어 甲을 고소할 수 없게 된 것인지요?

➡ 고소할 수 있습니다,

고소라 함은 범죄의 피해자 등이 수사기관에 대하여 범죄사실을 신고하여 범인의 처벌을 요구하는 의사표시로서 위 사안과 같은 강간미수는 친고죄이고 이러한 친고죄에 있어서는 고소가 특히 중요한 의미를 가지므로 고소가 있어야 처벌할 수 있고(형법 제306조), 일단 고소를 하였더라도 제1심 판결선고 전까지 고소를 취소하면 공소기각판결이 내려져 가해자를 처벌할 수 없게 됩니다(형사소송법 제232조 제2항, 제327조 제5호).

우선 위 사안에 있어서 귀하가 甲에게 합의서를 작성해준 것이 과연 고소의 포기로 보아 고소할 수 없는지 문제됩니다.

고소의 사전포기와 관련된 판례를 보면, 피해자의 고소권은 형사소송법상 부여된 권리로서 친고죄에 있어서 고소의 존재는 공소의 제기를 유효하게 하는 것이며 공법상의 권리라고 할 것이므로 그 권리의 성질상 법이 특히 명문으로 인정하는 경우를 제외하고는 자유처분을 할 수 없다고 할 것이며, 형사소송법 제232조에 의하면 일단 한 고소는 취소할 수 있도록 규정하였으나, 고소권의 포기에 관하여는 아무런 규정이 없으므로 고소하기 이전에 고소권을 포기할 수는 없다고 한 바 있으며(대법원 1967. 5. 23. 선고 67도471 판결), 고소하기 이전에 피해자가 처벌을 원하지 않았다고 하더라도 그 후에 한 피해자의 고소는 유효하다고 하였습니다(대법원 1993. 10. 22. 선고 93도1620 판결, 1999. 12. 21. 선고 99도4670 판결).

따라서 귀하가 甲에게 합의서를 작성해 주었다고 하더라도 고소권은 고소 전에 포기할 수 없다는 것이 판례의 태도이므로 귀하가 지금이라도 고소를 하게되면 甲에 대하여 조사가 진행될 것으로 보여집니다.

그리고 위 사안의 경우에는 민사상 문제에 있어서도 직장 상사가 합의서를 작성하도록 종용한 것이 귀하의 자유의사에 의한 것으로 볼 수 없을 정도의 강박(强迫)이 된다면 당해 합의는 무효로 되거나 또는 취소될 가능성도 있다고 보여집니다(민법 제110조).

참고로 귀하가 일단 고소한 후 고소를 취소할 경우에 관하여 살펴보면, 고소취소는 제1심 판결선고 전까지 할 수 있는데, 만일 그 전까지 고소를 취소하면 공소기각의 판결이 내려져 가해자를 처벌할 수 없게 됩니다(형사소송법 제 327조 제5호). 그런데 고소의 제기와 취소를 피해자의 의사에 전적으로 맡겨두면 고소권이 남용될 우려가 있으므로 고소를 취소한 자는 다시 고소하지 못하도록 규제하고 있습니다(형사소송법 제232조 제2항).

그리고 고소를 제기한 후에 고소를 취소한다면 그 고소의 취소는 공소제기 전에는 수사기관에, 공소가 제기된 후에는 담당법원에 하여야 할 것인데, 고소취소장이 아닌 단순한 합의서를 가해자에게 작성하여 준 경우일 뿐이라면 고소취소의 효력이 없을 것이지만(대법원 1983. 9. 27. 선고 83도516 판결), 수사기관이나 법원에 합의서를 제출한 경우 그에 부가하여 피고인에 대한 관대한 처벌을 바란다는 탄원서가 제출되어 있는 경우 고소취소로 볼 수도 있으므로 구체적 사안에 따라서 그것이 고소의 취소로 볼 수 있는 것인지를 검토해 보아야 할 것입니다.

결국 피해당사자에게 단순한 합의서만을 작성해주었을 뿐이라면 이 경우에는 고소취소가 되었다고 할 수 없을 것입니다.

피해자인 미성년자의 고소취소 후 부모가 고소 가능한지

저의 17세 된 딸은 미팅에서 만난 남학생에게 강간(강간치상이 아님)을 당하여 수사기관에 고소하였고 그 남학생은 구속되었습니다. 그런데 딸은 수사기관에서 조사를 받던 중 겁도 나고 수치심도 생겨 친권자인 저희들 몰래 고소를 취하하였고, 수사기관에서는 친권자인 부모의 의사도 확인하지 않은 채 공소권 없음을 이유로 가해자를 불기소처분하여 석방시켰습니다. 비록 딸이 고소를 취소하였지만 저는 가해자를 도저히 용서할 수 없어 처벌받게 하고 싶은데, 이 경우 가능한 방법이 있는지요?

➡ 고소할 수 있습니다.

고소라 함은 범죄의 피해자 기타의 고소권자가 수사기관에 대하여 범죄사실을 신고하여 범인의 수사와 처벌을 요구하는 의사표시를 말합니다. 그런데 강간죄는 친고죄로서 친고죄의 경우에는 고소가 소송조건이므로 고소권자의 고소가 없거나 공소가 제기되었더라도 제1심판결 전에 고소가 취소되면 처벌할 수 없습니다.

형사소송법상 범죄로 인한 피해자는 고소할 수 있고, 피해자가 미성년자인 경우에 피해자의 법정대리인도 독립하여 고소할 수 있으며, 또한 고소권자는 자기가

제기한 고소를 취소할 수도 있습니다(형사소송법 제
223조, 제225조 제1항).

고소는 의사표시를 내용으로 하는 소송행위이므로
고소가 유효하기 위해서는 고소능력이 있어야 하며,
이에 관하여 판례를 보면 "고소를 함에는 소송행위능
력, 즉 고소능력이 있어야 하는바, 고소능력은 피해를
받은 사실을 이해하고 고소에 따른 사회생활상의 이
해관계를 알아차릴 수 있는 사실상의 의사능력으로
충분하므로 민법상의 행위능력이 없는 자라도 위와
같은 능력을 갖춘 자에게는 고소능력이 인정된다고
할 것이고, 고소위임을 위한 능력도 위와 마찬가지라
고 할 것이다."라고 하였습니다(대법원 1999. 2. 9.
선고 98도2074 판결).

그러므로 고소능력은 고소의 의미를 이해할 수 있는
사실상의 의사능력으로 충분하며 민법상의 행위능력
과는 구별되는 것이고, 위 사안에서 17세의 미성년자
인 귀하의 딸은 강간죄의 피해자이며 고소능력도 있
다고 생각되므로 적법하게 고소하고 또한 이미 제기
한 고소를 취소할 수 있으며 딸의 고소취소에 따른
검사의 불기소처분은 타당하다 하겠습니다.

따라서 딸은 이미 고소를 취소하였으므로 고소권이
소멸되어 다시 고소하지 못한다 할 것입니다(형사소
송법 제232조 제2항).

그런데 형사소송법 제225조에 의하면 "피해자의 법
정대리인은 독립하여 고소할 수 있다."라고 규정하고
있습니다.

그리고 이에 관한 판례를 보면 "형사소송법 제225조 제1항이 규정한 법정대리인의 고소권은 무능력자의 보호를 위하여 법정대리인에게 주어진 고유권이므로, 법정대리인은 피해자의 고소권 소멸여부에 관계없이 고소할 수 있고, 이러한 고소권은 피해자의 명시한 의사에 반하여도 행사할 수 있다."라고 하였으며(대법원 1999. 12. 24. 선고 99도3784 판결), "법정대리인의 고소기간은 법정대리인 자신이 범인을 알게 된 날로부터 진행한다."라고 하였습니다(대법원 1984. 9. 11. 선고 84도1579 판결, 1987. 6. 9. 선고 87도857 판결).

따라서 위 사안의 경우 귀하 등 법정대리인은 딸의 고소취소로 인한 고소권의 소멸여부에 관계없이 고소를 할 수 있고, 귀하 등이 범인을 안 날로부터 1년 이내에 고소할 수 있을 것으로 보입니다(성폭력범죄의 처벌 등에 관한 특례법 제18조 제1항).

나아가 일단 검사가 불기소처분을 내린 사건이라고 할 지라도 그 불기소처분은 확정판결과 달리 기판력이 없으므로, 다시 고소하여 혐의가 인정될 경우 검사는 전의 불기소처분을 번복하여 피의자를 기소할 수 있는 것입니다.

고소권의 대리

65세이신 저의 어머님은 평소 행동이 불량한 동네청년 甲을 꾸짖다가 도리어 甲에게 폭행 당하여 전치 3주의 상해를 입었습니다. 치료를 위해 입원중인 어머님을 대신하여 제가 甲을 직접 고소할 수 있는지요?

➡ 고소할 수 있습니다.

　범죄의 피해자 기타 고소권자가 수사기관에 대하여 범죄사실을 신고하여 범인의 처벌을 요구하는 의사표시를 고소(告訴)라고 하며, 형사소송법 제237조 제1항에 의하면 "고소 또는 고발은 서면 또는 구술로써 검사 또는 사법경찰관에게 하여야 한다."라고 규정하고 있습니다.
　형사소송법상 고소할 수 있는 사람으로는 ①범죄의 피해자, ②그 피해자의 법정대리인(부모, 후견인 등)이며, ③피해자가 사망한 때에는 그 배우자, 직계친족 또는 형제자매는 피해자의 명시한 의사에 반하지 않는 한 고소할 수 있습니다(형사소송법 제223조, 제225조).
　그리고 형사소송법 제236조에 의하면 고소 또는 그 취소는 대리인으로 하여금 하게 할 수 있다고 규정하고 있는데, 대리인에 의한 고소의 방식 및 그 경우 고소기간의 산정기준에 관하여 판례를 보면, "형사소송법 제236조의 대리인에 의한 고소의 경우, 대리권이 정당한 고소권자에 의하여 수여되었음이 실질적으로 증명되면 충분하고, 그 방식에 특별한 제한은 없으므로, 고소를 할 때 반드시 위임장을 제출한다거나 '대리'라는 표시를 하여야 하는 것은 아니고, 또 고소기간은 대리고소인이 아니라 정당한 고소권자를 기준으로 고소권자가 범인을 알게 된 날부터 기산한다."라고 하였습니다(대법원 2001. 9. 4. 선고 2001도3081 판결).

따라서 위 사안의 경우 귀하는 피해자 또는 피해자의 법정대리인 등이 아니므로 독자적으로 고소할 수는 없으나, 피해자인 모친으로부터 대리권을 수여 받아 형사소송법 제236조 및 특별사법경찰관리집무규칙 제44조의 대리에 의한 방법으로 고소하실 수 있을 것입니다.

간통고소 후 이혼청구소송만을 취하할 경우 법적 효력

저의 남편은 혼인 직후부터 바람기가 있더니 날로 심하여져 이제는 며칠에 한번 집에 들러 폭행만을 일삼고 있습니다. 최근 저는 남편을 미행하여 동거하는 甲女를 목격하고는 이혼소송을 제기 후 그들을 간통죄로 고소하였고, 현재는 1심 재판이 진행 중에 있습니다. 하지만 아이들 장래를 위하여 남편과의 이혼소송만은 취하하고 싶은데, 그럴 경우 남편과 甲女에 대한 형사고소는 취소하지 않았으므로 처벌을 받게 되는지요?

➡ **처벌받지 않습니다.**

간통죄에 관하여 형법 제241조에 의하면 "①배우자 있는 자가 간통한 때에는 2년 이하의 징역에 처한다. 그와 상간한 자도 같다. ②전항의 죄는 배우자의 고소가 있어야 논한다. 단, 배우자가 간통을 종용 또는 유서한 때에는 고소할 수 없다."라고 규정하고 있고, 배우자의 고소권에 관하여 형사소송법 제229조에 의하면 "①형법 제241조의 경우에는 혼인이 해소되거나 이혼소송을 제기한 후가 아니면 고소할 수 없다. ②전항의 경우에 다시 혼인을 하거나 이혼소송을 취하한 때에는 고소는 취소된 것으로 간주한다."라고 규정하고 있습니다.

그러므로 간통죄에 대한 고소는 혼인이 해소되거나 이혼소송을 제기한 후가 아니면 할 수 없고, 다시 혼인을 하거나 이혼소송을 취하한 때에는 고소는 취소된 것으로 간주되는 것입니다.

그리고 위 고소는 혼인관계의 부존재 또는 이혼소송의 계속을 그 유효요건으로 하고 있다 할 것이므로 이러한 조건은 공소제기시부터 재판이 종결될 때까지 구비해야 하는 것이며, 판례도 "간통고소는 혼인의 해소 또는 이혼소송의 계속을 그 유효조건으로 하고 있으므로 고소 당시 이혼소송을 제기하였다 하더라도 그 소송이 취하되는 경우에는 최초부터 이혼소송을 제기하지 아니한 것과 같게 되어 간통고소는 소급하여 그 효력을 상실하게 된다."라고 하였습니다(대법원 1985. 9. 24. 선고 85도1744 판결).

또한 "간통죄에 대한 제1심 판결선고 후 고소인이 이혼심판청구를 취하하였다면 취하의 소급효로 인하여 간통고소 역시 소급하여 그 효력을 상실하므로, 간통죄의 공소 또한 소추조건을 결한 것을 공소제기절차가 법률의 규정에 위반하여 무효인 때에 해당한다."라고 하였습니다(대법원 1981. 10. 13. 선고 81도1975 판결).

따라서 귀하가 이혼소송을 취하하게 되면 간통고소 사건은 소추요건을 결하여 공소기각판결이 선고될 것이므로 귀하의 남편과 甲女는 간통죄로 처벌받지 않을 것입니다.

협의이혼 후 이혼 전 간통행위에 대한 고소 가능한 지

저는 얼마 전 협의이혼을 하였는데, 그 후 알고 보니 처(妻)는 혼인기간 중 이미 다른 남자와 간통한 사실이 있었습니다. 지금이라도 그들을 간통죄로 고소할 수 있는지요?

➡ **고소할 수 있습니다.**

형법 제241조에 의하면 "①배우자 있는 자가 간통한 때에는 2년 이하의 징역에 처한다. 그와 상간한 자도 같다. ②전항의 죄는 배우자의 고소가 있어야 논한다. 단, 배우자가 간통을 종용(慫慂) 또는 유서(宥恕)한 때에는 고소할 수 없다."라고 규정하고 있으며, 형사소송법 제229조 제1항에 의하면 "형법 제241조의 경우에는 혼인이 해소되거나 이혼소송을 제기한 후가 아니면 고소할 수 없다."라고 규정하고 있습니다.

그런데 원칙적으로 협의이혼의 확인이 있다고 하여 거기에 혼인생활 중에 있었던 간통행위를 용서한다는 의사가 당연히 내포되어 있다고는 할 수 없으므로(대법원 1986. 6. 24. 선고 86도482 판결), 귀하의 경우에도 협의이혼의사의 확인 전 혼인생활 중에 있었던 간통사실에 대하여도 이혼 당시 간통행위를 용서한다는 특별한 의사표시가 없었다면 간통죄로 고소가 가능할 것입니다.

참고로 협의이혼의사의 확인을 받고 이에 의한 이혼신고를 하기 전에 한 간통고소의 효력은 혼인이 해소되었거나 이혼소송을 제기한 후에 해당되지 않으므로, 형사소송법 제229조 제1항에 위반된 고소라 할 수 있으나, 위 고소가 있은 뒤 위 협의이혼의 확인에 의한 협의이혼신고를 하여 혼인이 해소되었다면 위 고소는 혼인의 해소(解消)시로부터 장래를 향하여 유효한 고소가 된다 하겠습니다.

그리고 협의이혼의사확인을 받은 후 이혼신고 전에 행한 간통에 관하여 판례는 "혼인당사자가 더 이상 혼인관계를 지속할 의사가 없고 이혼의사의 합치가 있는 경우에는 비록 법률적으로 혼인관계가 존속한다고 하더라도 간통에 대한 사전동의인 종용(慫慂)에 해당하는 의사표시가 그 합의 속에 포함되어 있는 것으로 보아야 할 것이고, 그러한 합의가 없는 경우에는 비록 잠정적·임시적·조건적으로 이혼의사가 쌍방으로부터 표출되어 있다고 하더라도 간통종용의 경우에 해당하지 않는다."라고 하였습니다(대법원 2000. 7. 7. 선고 2000도868 판결, 2002. 7. 9. 선고 2002도2312 판결).

따라서 협의이혼의사확인을 받은 후 이혼신고 전에 행한 간통에 관하여 협의이혼의사의 확인이 간통의 종용(慫慂)인지는 구체적인 사안에 따라 개별적·구체적으로 결정되어야 할 것으로 보입니다.

송달불능으로 이혼소송이 각하된 경우 간통고소의 효력

저는 간통한 처(妻) 甲과 그 상간자인 乙을 간통죄로 고소하였습니다. 그러나 甲과 乙이 도주하여 수사가 진행되지 못하였고, 간통고소 전에 제기한 이혼소송은 소장의 송달불능으로 주소보정명령이 발하여졌으나 보정기간 내에 보정하지 못하여 각하 되었습니다. 이 경우 간통고소사건도 종결된다고 하는데 그렇다면 乙을 처벌할 수 없는지요?

➡ **처벌할 수 없습니다.**

　형사소송법 제229조에 의하면 "간통죄의 경우 혼인이 해소되거나 이혼소송을 제기한 후가 아니면 고소할 수 없다."라고 규정하고 있습니다.

　또한, 관련 판례를 보면 "간통의 고소는 혼인관계가 해소 또는 이혼소송의 계속을 조건으로 하는 것이므로, 간통고소 당시 이혼소송을 제기하였다 할지라도 그 소장이 각하 되는 경우에는 최초부터 이혼소송을 제기하지 아니한 것과 같아서 그 간통고소는 효력을 상실하게 된다."라고 하였습니다(대법원 1994. 6. 10. 선고 94도774 판결).

　따라서 귀하가 고소한 간통사건이 기소되기 이전이었다면 공소권이 없다 하여 공소권 없음으로 불기소처분되어 종결될 것으로 보이고, 이미 공소가 제기되었다면 형사소송법 제327조 제2호 공소제기의 절차가 법률의 규정에 위반한 때에 해당되어 공소기각 될 것으로 보입니다.

참고로 형사소송법 제232조 제2항에 의하면 고소를 취소한 자는 다시 고소하지 못한다고 규정하고 있습니다. 이혼소장이 각하된 경우 고소가 소급하여 효력을 상실하게 됨으로써 고소를 취소한 것이나 다름없게 된 이상 이 경우에도 고소의 취소와 동일하게 취급하여 다시 고소할 수 없다 하겠습니다. 물론 고소인의 자유로운 의사에 기한 고소취소와 소장각하에 의한 고소의 효력상실은 달리 취급하여 소장각하의 경우에는 재고소가 가능하다고 보는 견해도 있으나, 판례는 고소취소와 동일하게 취급하고 있습니다(대법원 1997. 5. 23. 선고 95도477 판결).

성폭력범죄인 강간죄의 경우 고소
할 수 있는 기간

저는 8개월 전 甲男으로부터 강간당한 후 수치스럽기도 하고
주위에 알려지는 것이 두려워 甲男을 고소하지 않았습니다.
그런데 甲男은 사과는커녕 지금도 저를 괴롭히며 모욕까지
하고 있어 처벌받게 하고 싶습니다. 지금이라도 甲男을 고소
할 수 있는지요?

➡ 고소할 수 있습니다.

　강간죄에 관하여 형법 제297조에 의하면 "폭행 또
는 협박으로 부녀를 강간한 자는 3년 이상의 유기징
역에 처한다."라고 규정하고 있으며, 이러한 강간죄는
고소가 있어야만 처벌이 가능한 친고죄이고(형법 제
306조), 그 고소기간은 범인을 안 날로부터 6월이
경과하기 전에 하여야 하는 것으로 규정되어 있습니
다(형사소송법 제230조 제1항).
　그러나 성폭력범죄의 처벌 등에 관한 특례법 제2조
제1항3호에서는 형법 제297조의 강간죄도 성폭력범
죄로 규정하고 있으며, 성폭력범죄의 처벌 등에 관한
특례법 제18조 제1항 본문에 의하면 "성폭력범죄 중
친고죄에 대하여 형사소송법 제230조(고소기간) 제1
항의 규정에 불구하고 범인을 알게 된 날부터 1년을
경과하면 고소하지 못한다."라고 규정하고 있습니다.

그리고 관련 판례를 보면 "성폭력범죄의 처벌 등에 관한 특례법 제2조 제1항 제3호는 형법 제297조의 강간죄도 '성폭력범죄'로 정의하고 있고, 성폭력범죄의 처벌및피해자보호등에관한법률 제19조 제1항은 성폭력범죄 중 친고죄에 대하여는 형사소송법 제230조 제1항(6개월 고소기간 규정)에도 불구하고 범인을 알게 된 날로부터 1년을 경과하면 고소하지 못한다고 규정하고 있으므로, 형법 제297조의 강간죄에 대하여는 범인을 알게 된 날로부터 6월이 지났으나 1년 이내에 고소한 사건을 고소기간 경과를 이유로 공소기각한 원심은 위법하다."라고 하였습니다(대법원 1998. 3. 27. 선고 97도3308 판결).

또한 "강간죄에 대한 피해자의 고소가 성폭력범죄의 처벌및피해자보호등에관한법률상의 고소기간 안에 제기되었음에도 형사소송법상의 고소기간을 경과한 후 제기되었다는 이유로 공소를 기각한 원심판결에는 성폭력범죄의 고소기간에 관한 법리오해의 위법이 있다."라고 하였습니다(대법원 2002. 5. 16. 선고 2002도51 판결)

따라서 강간죄의 고소기간은 범인을 알게 된 날로부터 6월이 아닌 1년으로 볼 수 있고, 위 사안에서 귀하는 강간에 대한 입증자료만 충분하다면 甲男을 고소하여 법의 심판을 받게 할 수 있을 것으로 보입니다.

처가 상간자를 강간 고소시 간통죄
의 고소기간 기산점

甲은 그의 처 乙과 丙의 성행위가 있음을 알게 되었습니다. 그런데 乙은 丙에게 강간을 당하였다고 丙을 강간죄로 고소하였으므로 강간고소사건의 결과를 보고 난 후 간통죄고소여부를 결정하려고 기다렸습니다. 그 후 7개월이 지나서 丙에 대한 강간고소사건이 검찰에서 무혐의결정 되었습니다. 이 경우 甲이 지금이라도 乙과 丙을 간통죄로 고소할 수 있는지요?

➡ 고소할 수 있습니다.

　형법 제241조에 의하면 "①배우자있는 자가 간통한 때에는 2년 이하의 징역에 처한다. 그와 상간한 자도 같다. ②전항의 죄는 배우자의 고소가 있어야 논한다. 단, 배우자가 간통을 종용 또는 유서한 때에는 고소할 수 없다."라고 규정하여 간통죄를 고소가 있어야 처벌할 수 있는 친고죄로 규정하고 있습니다. 그런데 이러한 친고죄의 고소기간에 관하여 형사소송법 제230조 제1항에 의하면 "친고죄에 대하여는 범인을 알게 된 날로부터 6월을 경과하면 고소하지 못한다. 단, 고소할 수 없는 불가항력의 사유가 있는 때에는 그 사유가 없어진 날로부터 기산한다."라고 규정하고 있습니다.

그러므로 위 사안에서 甲은 乙과 丙의 성행위가 있었음을 알게 된 것은 7개월 전이었지만, 乙이 丙에게 강간을 당하였다고 주장하면서 丙을 강간죄로 고소하였으므로 그 강간고소사건의 처분결과를 기다리다가 7개월이 경과된 것이므로 이러한 경우 간통죄로 고소할 수 있는 기간이 경과되었다고 볼 것인지 문제됩니다.

이에 관련된 판례를 보면, "형사소송법 제230조 제1항 본문은 '친고죄에 대하여는 범인을 알게 된 날로부터 6월을 경과하면 고소하지 못한다.'라고 규정하고 있는바, 여기서 범인을 알게 된다 함은 통상인의 입장에서 보아 고소권자가 고소를 할 수 있을 정도로 범죄사실과 범인을 아는 것을 의미하고, 범죄사실을 안다는 것은 고소권자가 친고죄에 해당하는 범죄의 피해가 있었다는 사실관계에 관하여 확정적인 인식이 있음을 말한다."라고 하면서, "고소인이 처와 상간자 간에 성관계가 있었다는 사실을 알게 되었으나, 처가 상간자와의 성관계는 강간에 의한 것이라고 주장하며 상간자를 강간죄로 고소하였고, 이에 대하여 검찰에서 무혐의결정이 나자 이들을 간통죄로 고소한 경우, 고소인으로서는 그 강간고소사건에 대한 검찰의 무혐의결정이 있은 때 비로소 처와 상간자 간의 간통사실을 알았다고 봄이 상당하므로, 그 때로부터 고소기간을 기산(起算)하여야 한다."라고 하였습니다(대법원 2001. 10. 9. 선고 2001도3106 판결).

따라서 위 사안에 있어서도 甲은 乙이 丙을 강간죄

로 고소한 사건에 대하여 검찰의 무혐의결정이 있은 때로부터 6월 이내에 乙과 丙을 간통죄로 고소할 수 있을 것으로 보입니다.

강간사건에서 대리인의 고소권

갑은 무능력자인 을의 법정대리인인데 병이 을을 강간한 것
을 강간시점에서 3년이 지난후에 알게 되었습니다. 병측은
사건이 고소가능기간인 6개월이 지나 3년이 되었으므로 도의
적으로 생각해서 위로금을 일부 주겠다고 합니다. 돈보다 을
에게 입힌 정신적인 상처나 반성하지 않는 뻔뻔한 병의 태도
가 괘씸해서 고소를 하고 싶은데, 고소가 가능한가요? 또한
이 경우 언제부터 6개월을 계산하여야 하는지요?

➡ 고소가능하며, 강간사실을 알게된 날로부터 1년입니
다.

　형사소송법 제225조 제1항이 규정한 법정대리인의
고소권은 무능력자의 보호를 위하여 법정대리인에게
주어진 고유권으로서 피해자의 고소권 소멸여부에 관
계없이 고소할 수 있는 것이므로 법정대리인의 고소
기간은 법정대리인 자신이 범인을 알게 된 날로부터
진행합니다.
　따라서 병이 말하는 바와 같이 강간 사건이 발생한
시점에서 6개월 이내가 고소가능기간이 아니라, 갑이
을의 강간사실을 알게된 시점인 3년에서 1년이 지난
시점까지가 고소가능기간이라 할 것입니다(성폭력범
죄의 처벌 등에 관한 특례법 제18조 제1항).
　또한 피해자인 을이 미성년자라면 갑이 병과 합의를

하였다 하더라도 을이 성년이 되는 시점에서부터 고소가능기간이 생성됩니다.

형사소송법
제225조 (비피해자인 고소권자)
① 피해자의 법정대리인은 독립하여 고소할 수 있다.
② 피해자가 사망한 때에는 그 배우자, 직계친족 또는 형제자매는 고소할 수 있다. 단, 피해자의 명시한 의사에 반하지 못한다.

성폭력 범죄의 처벌 등에 관한 특례법
제18조(고소기간)
① 성폭력범죄 중 친고죄(親告罪)에 대하여는 「형사소송법」 제230조(고소기간) 제1항에도 불구하고 범인을 알게 된 날부터 1년이 지나면 고소하지 못한다. 다만, 고소할 수 없는 불가항력의 사유가 있는 경우에는 그 사유가 없어진 날부터 기산한다.
② 제1항의 경우에는 「형사소송법」 제230조(고소기간) 제2항을 준용한다.

아동청소년의성보호에관한법률상의 강제추행이 친고죄인지

甲男은 17세의 乙女를 강제추행하였으므로 乙女는 고소를 하였습니다. 그런데 甲男은 크게 뉘우치고 乙女의 정신적 고통에 대한 손해배상도 모두 하였으며, 甲男의 홀어머니가 사정을 하므로 乙女와 그 부모들은 고소를 취소해 주려고 합니다. 이 경우 고소가 취소되면 甲男이 처벌받지 않게 되는지요?

➡ **처벌받지 않습니다.**

　형법 제298조에 의하면 강제추행죄에 관하여 "폭행 또는 협박으로 사람에 대하여 추행을 한 자는 10년 이하의 징역 또는 1,500만원 이하의 벌금에 처한다."라고 규정하고 있으며, 형법 제306조에 의하면 강제추행죄는 고소가 있어야 공소를 제기할 수 있는 친고죄로 규정하고 있습니다.

　그런데 아동청소년의성보호에관한법률 제2조 제1호에서는 '청소년'이라 함은 19세미만의 자를 말한다고 규정하고 있으며, 아동청소년의성보호에관한법률 제7조 제3항에 의하면 "청소년에 대하여 형법 제298조(강제추행)의 죄를 범한 자는 1년 이상의 유기징역 또는 500만원 이상 2천만원 이하의 벌금에 처한다."라고 규정하고 있습니다. 그러나 이 경우 친고죄인지의 여부에 관하여는 별도의 규정이 없습니다.

그러므로 청소년을 강제추행한 경우 구 청소년의성보호에관한법률 제7조 제3항에 의하여 가중처벌되는 경우에도 친고죄가 되는지에 관하여 판례를 보면, "형법 제302조는 '미성년자 또는 심신미약자에 대하여 위계 또는 위력으로써 간음 또는 추행을 한 자는 5년 이상의 징역에 처한다.'라고, 형법 제306조는 '제297조 내지 제300조와 제302조 내지 제305조의 죄는 고소가 있어야 공소를 제기할 수 있다.'라고 각 규정하고 있음에 반하여 아동청소년의성보호에관한법률 제7조에는 '①아동청소년에 대하여 형법 제297조(강간)의 죄를 범한 자는 5년 이상의 유기징역에 처한다. ②아동·청소년에 대하여 폭행이나 협박으로 성기나 도구를 넣는 행위를 한 자는 3년 이상의 유기징역에 처한다. ③아동청소년에 대하여 형법 제298조(강제추행)의 죄를 범한 자는 1년 이상의 유기징역 또는 500만원 이상 2천만원 이하의 벌금에 처한다. ④아동청소년에 대하여 형법 제299조(준강간, 준강제추행)의 죄를 범한 자는 제1항부터 제3항의 예에 의한다. ⑤위계 또는 위력으로써 아동청소년을 간음하거나 청소년에 대하여 추행을 한 자는 제1항부터 제3항의 예에 의한다. ⑥제1항부터 제5항의 미수범은 처벌한다.'라고만 규정할 뿐 고소에 관한 규정을 전혀 두지 아니하고 있기는 하나 위 법률 제7조가 위 형법상의 죄에 대하여 가중처벌하는 규정일 뿐 그 구성요건을 형법규정과 달리하지 아니하고 있는 점, 성폭력범죄의처벌및피해자보호등에관한법률 제15조는 '제11조, 제13조 및 제14조의 죄는 고소가 있어야 공소를 제기할 수 있다.'라고 규정하고 친고죄에 관한 규정을 두고 있으므로 그 외에는 비친고죄로 해석할 수 있으나, 청소년의성보호에관한법률에는 친고죄여부에 대한 명시적 규정이 없으므로 위 법 제7조 위반죄를 친고죄라고 해석하는 것이 죄형법정주의의 원칙과 '이 법을 해석·적용할 때에는 아동·청소년의 권익을 우선적으로 고려하여야 하며, 이해관계인과 그 가족의 권리가 부당하게 침해되지 아니하도록 주의하여야 한다.'고 규정한 아동청소년의성보호에관한법률 제3조의 취지에도 부합하는 점, 아동청소년의성보호에관한법률의 제정취지는 청소년의 보호에 있는데 위 법 제7조를 비친고죄로 해석하여 성폭행을 당한 모든 청소년을 그의 의사에 불구하고 조사를 하게 되면 오히려 청소년의 보호에 역행하게 될 여지도 있게 되는 점 등에 비추어 보면 위 법률 제7조(구법 제10조) 위반죄에 대하여도 형법 제306조가 적용된다."라고 하였습니다(대법원 2001. 5. 15. 선고 2001도1391 판결, 2001. 6. 15. 선고 2001도1017 판결).

따라서 위 사안에서도 피해자인 乙女가 고소를 취소한다면 甲은 처벌받지 않을 것으로 보입니다.

강간사건에서 강간고소를 취하하고 폭행사실만 처벌할 수 있는지

저의 친구는 강간사건의 피의자로 구속수사를 받고 있습니다. 만약, 피해자와 합의하여 피해자가 고소를 취소한다면 그 수단인 폭행.협박사실만을 분리하여 처벌받게 되는지요?

➡ **처벌받지 않습니다.**

　강간죄에 관하여 형법 제297조에 의하면 "폭행 또는 협박으로 부녀를 강간한 자는 3년 이상의 유기징역에 처한다."라고 규정하고 있으며, 형법 제306조에 의하면 강간죄는 고소가 있어야 공소를 제기할 수 있는 친고죄로 규정하고 있습니다. 그런데 이처럼 강간죄는 친고죄에 해당되지만 강간죄의 수단·방법인 폭행·협박죄는 친고죄가 아니므로 강간죄의 고소취하가 있는 경우 폭행·협박죄의 공소제기의 적법여부가 문제됩니다.

　이에 관해서는 적법하다는 학설도 있으나 단일한 범죄는 소송상 취급에 있어서 불가분의 단위로 판단하는 것이 타당하고, 이를 인정할 때에는 강간죄를 친고죄로 한 취지에 반하며, 고소불가분의 원칙과 일치하지 않는다고 할 것이므로 이를 허용하지 않는다고 해석하는 것이 타당할 것입니다.

　판례도 "강간죄에 대한 고소가 취하된 이상 그 강간

죄의 수단이었던 폭행죄가 성립할 수 없다 할 것이고, 이와 같은 경우에 폭행만을 분리하여 공소제기 하였다면 이는 범죄로 되지 아니하는 경우에 해당한다."라고 하였으며(1976. 4. 27. 선고 75도3365 판결), 또한 "폭행 또는 협박으로 부녀를 강간한 경우에는 강간죄만 성립하고, 그것과 별도로 강간의 수단으로 사용된 폭행·협박이 형법상의 폭행죄나 협박죄 또는 폭력행위등처벌에관한법률위반의 죄를 구성한다고는 볼 수 없으며, 강간죄와 이들 각 죄는 이른바 법조경합의 관계일 뿐이다."라고 하였습니다(대법원 2002. 5. 16. 선고 2002도51 판결).

따라서 강간죄의 고소가 취하된 경우에는 그 수단인 폭행·협박만으로 처벌할 수 없다고 보는 것이 타당할 것입니다.

참고로 감금행위가 강간죄의 수단이 된 경우에 감금죄에 있어서는 강간죄에 흡수되지 아니하고 별죄(別罪)를 구성한다는 것이 판례의 입장입니다(대법원 1997. 1. 21. 선고 96도2715 판결).

친고죄나 반의사불벌죄가 아닌 범죄에 대한 고소취하의 효력

저는 몇 달 전 甲으로부터 사기혐의로 고소 당하여 수사기관에서 조사를 받던 중 甲에게 피해를 보상한 후 甲이 고소를 취하하여 모두 해결된 것으로 알고 있었습니다. 그런데 며칠 전 법원으로부터 벌금 100만원에 처한다는 약식명령이 송달되었는데 그 처분이 정당한지요?

➡ 정당합니다.

    법률적으로 친고죄(親告罪)라 하여 피해자 또는 일정한 고소권자의 고소가 있어야 비로소 처벌받게 되는 범죄(간통죄, 강간죄 등)와 반의사불벌죄(反意思不罰罪)라 하여 피해자의 고소와 관계없이 수사기관의 인지(認知) 등에 의해 수사를 착수할 수는 있으나 피해자가 가해자의 처벌을 원하지 않을 경우 처벌할 수 없는 범죄(폭행죄, 명예훼손죄 등)는 고소권자의 고소가 있어서 재판진행 중인 경우에도 제1심 판결이 선고되기 전에 고소를 취소하거나 처벌을 희망하지 않는 의사표시를 하면 공소기각판결(형사소송법 제327조 제5항, 제6항)에 의하여 처벌받지 않게 됩니다.
    그런데 위 사안의 사기죄 등과 같이 친고죄나 반의사불벌죄가 아닌 범죄에 있어서는 고소권자의 고소는 단순히 수사의 단서로 됨에 지나지 않으며, 고소의 유무 또는 그 고소의 취소여부에 관계없이 그 죄를 논할 수 있습니다.

따라서 위 사안의 경우 사기죄는 친고죄나 반의사불벌죄에 해당되지 아니하므로 고소권자인 甲이 사기죄의 고소를 취하하였다 하더라도 이것은 단지 양형에 참고할 사유는 될 수 있을지라도 사기죄로 처벌됨에 있어서는 아무런 장애가 되지 않습니다(대법원 1987. 11. 10. 선고 87도2020 판결, 1967. 2. 7. 선고 66도1761 판결).

친고죄에서 고소불가분의 원칙이 반의사불벌죄에도 준용되는지

甲은 乙과 丙이 공모하여 甲에 대한 허위의 사실을 출판물을 통하여 유포하였으므로 그들을 출판물 등에 의한 명예훼손죄로 고소를 하였습니다. 그런데 乙은 잘못을 시인하고 용서를 빌었으므로 고소를 취하해주려고 하지만, 丙은 전혀 뉘우치는 바가 없으므로 丙은 처벌받도록 하고 싶은데, 乙에 대한 고소를 취하하여도 丙이 처벌받게 되는지요?

➡ 처벌받습니다.

　　형사소송법 제233조에 의하면 "친고죄의 공범 중 그 1인 또는 수인에 대한 고소 또는 그 취소는 다른 공범자에 대하여도 효력이 있다."라고 친고죄에 있어서 고소불가분의 원칙을 규정하고 있습니다. 그런데 출판물에 의한 명예훼손죄는 친고죄가 아니고 피해자의 명시한 의사에 반하여 공소를 제기할 수 없는 반의사불벌죄(反意思不罰罪)로 규정하고 있습니다(형법 제312조 제2항).
　　위 사안에서는 출판물에 의한 명예훼손죄와 같은 반의사불벌죄에도 친고죄의 고소불가분의 원칙이 준용되어 甲이 乙에 대한 고소를 취하하면 丙에 대하여도 고소취하의 효력이 인정되어 丙도 처벌받지 않게 되는지가 문제됩니다.

 친고죄에 있어서의 고소불가분의 원칙을 규정한 형
사소송법 제233조의 규정이 반의사불벌죄에 준용되
는지에 관한 판례를 보면, "형사소송법이 고소와 고소
취소에 관한 규정을 하면서 제232조 제1항, 제2항에
서 고소취소의 시한과 재고소의 금지를 규정하고 제3
항에서는 반의사불벌죄에 제1항, 제2항의 규정을 준
용하는 규정을 두면서도, 제233조에서 고소와 고소취
소의 불가분에 관한 규정을 함에 있어서는 반의사불
벌죄에 이를 준용하는 규정을 두지 아니한 것은 처벌
을 희망하지 아니하는 의사표시나 처벌을 희망하는
의사표시의 철회에 관하여 친고죄와는 달리 공범자간
에 불가분의 원칙을 적용하지 아니하고자 함에 있다
고 볼 것이지, 입법의 불비(不備)로 볼 것은 아니다."
라고 하였습니다(대법원 1994. 4. 26. 선고 93도
1689 판결).
 따라서 위 사안에 있어서도 甲이 乙에 대한 고소만
취하하고 丙에 대한 고소를 취하하지 않는다면 丙은
처벌을 받게 될 것으로 보입니다.

검사의 불기소처분에 대한 고소인
의 불복 방법

甲은 제가 결혼을 조건으로 2,600만원을 편취하여 행방불명
되었다는 허위내용의 소장과 불거주사실확인서를 법원에 제
출하여 공시송달방법으로 승소판결을 받아 제 소유 부동산을
강제집행 하였습니다. 그래서 저는 甲을 사기죄로 형사고소
하였으나 '혐의 없음'으로 불기소처분되었습니다. 이에 대하
여 제가 불복(不服)할 수 있는 방법은 무엇인지요?

➡ 항고를 하면 됩니다.

　검사가 고소 또는 고발에 의하여 범죄를 수사할 때
에는 고소 또는 고발을 수리한 날로부터 3개월 이내
에 수사를 완료하여 공소제기여부를 결정하여야 하고,
이러한 사건에 대해 공소를 제기하거나 제기하지 아
니하는 처분 등을 한 때에는 그 처분을 한 날로부터
7일 이내에 서면으로 고소인 또는 고발인에게 그 취
지를 통지하게 되어 있습니다(형사소송법 제257조,
제258조 제1항).
　그리고 검사가 불기소처분을 한 경우에 고소인 또는
고발인의 청구가 있는 때에는 7일 이내에 고소인 또
는 고발인에게 그 이유를 서면으로 설명하여야 하며,
이러한 검사의 불기소처분에 대해 고소인이 불복하는
방법에는 항고(抗告)와 재정신청(裁定申請)이 있습

니다(형사소송법 제259조, 제260조). 그 중 재정신청은 수사공무원의 직권남용죄 등에 관한 불기소처분에 대해서 제한적으로 인정되므로, 귀하의 경우에는 해당되지 아니하고 다만, 귀하는 항고의 방법으로 불복할 수 있습니다.

검찰청법상의 항고(抗告)는 고소인 또는 고발인이 불기소처분의 통지를 받은 날로부터 30일 이내에 불기소처분을 한 검사가 속하는 지방검찰청 또는 지청을 거쳐 서면으로 관할고등검찰청검사장에게 할 수 있으며, 이 경우 당해 지방검찰청 또는 지청의 검사는 항고가 이유 있다고 인정하는 때에는 그 불기소처분을 경정하도록 되어 있고, 나아가 고등검찰청검사장은 항고가 이유 있다고 인정하는 때에는 소속 검사로 하여금 지방검찰청 또는 지청 검사의 불기소처분을 직접 경정하게 할 수 있습니다(검찰청법 제10조 제1항, 제2항).

그리고 재항고는 위 항고를 기각하는 처분에 불복이 있는 항고인이 그 검사가 속하는 고등검찰청을 거쳐 서면으로 검찰총장에게 할 수 있는데, 이 경우 당해 고등검찰청의 검사는 재항고가 이유 있다고 인정되는 때에는 그 처분을 경정하도록 되어 있습니다(검찰청법 제10조 제3항).

또한, 재항고를 기각하는 처분이 현저히 수사가 미진한 채 불기소처분한 것으로서 검찰권의 행사가 헌법상의 평등권과 재판절차진술권 등을 침해하였다고 볼 수 있는 경우에는 그 통지를 받은 날로부터 30일 이

내 변호사를 선임(변호사선임능력이 없을 경우 헌법
재판소에 국선변호인 선임신청가능)하여 헌법재판소
법규정에 따라 헌법소원심판청구를 할 수도 있습니다
(헌법재판소법 제68조 내지 제71조).

피고소인이 기소중지되면 그 사건 은 어떻게 되는지

저는 甲에게 1,000만원을 빌려주면서 차용증서를 받았으나 甲은 타인에게 수차에 걸쳐 발행하여 준 당좌수표를 부도를 낸 후 잠적했습니다. 甲의 현재 재산이 전혀 없어 사기죄로 형사고소 하여도 '기소중지(起訴中止)'로 되어 아무런 소용이 없을 것이라고 하는데 기소중지란 무엇이며 도대체 어떤 효력이 있는지요?

➡ 소재불명으로 수사를 중지하는 것을 말합니다.

　　기소중지(起訴中止)란 피의사건에 대하여 소송조건이 구비되고 범죄의 객관적인 혐의가 충분한 경우에도 피의자의 소재불명 또는 참고인·고소인·고발인 또는 같은 사건 피의자의 소재불명으로 인한 참고인중지 이외의 사유로 인하여 수사를 종결할 수 없는 경우에 검사가 그 사유가 해소될 때까지 수사를 중지하는 처분을 말합니다(검찰사건사무규칙 제73조).
　　귀하의 경우 피의자 甲의 소재불명으로 기소중지결정이 나면 甲에 대하여는 지명수배가 내려지게 되고 일정한 경우 출국금지 등의 조치가 취해질 수 있으며, 검사는 기소중지결정된 사건에 관하여 수시로 그 중지사유의 해소유무를 검토하게 됩니다.
　　따라서 기소중지처분이 있다고 하여 곧바로 수사종

결되는 것이 아니며, 소재발견 등으로 기소중지사유가
해소될 경우 수사를 재개하게 되므로 기소중지처분은
수사중지처분의 성격을 갖고 있다고 할 것입니다.

고소인이 자기와 피고인과의 통화를 녹음한 경우 테이프의 증거능력

甲은 그의 처 乙이 丙과 부정행위를 하였음을 알게 되어 고소하였습니다. 그런데 丙이 乙에게 전화를 걸어와 甲이 그 전화를 받았으며, 甲과 丙 사이의 통화내용에 위 부정행위에 관하여 丙이 언급한 부분이 있었고, 甲이 丙 몰래 위 통화내용을 녹음하였습니다. 이 경우 위 녹음테이프의 검증조서가 위 고소사건의 형사재판에서 증거능력이 인정될 수 있는지요?

➡ 신빙할 수 있는 경우만 증거능력이 인정됩니다.

통신 및 대화비밀의 보호에 관하여 통신비밀보호법 제3조 본문에 의하면 "누구든지 이 법과 형사소송법 또는 군사법원법의 규정에 의하지 아니하고는 우편물의 검열·전기통신의 감청 또는 통신사실확인자료의 제공을 하거나 공개되지 아니한 타인간의 대화를 녹음 또는 청취하지 못한다."라고 규정하고 있으며, 불법검열에 의한 우편물의 내용과 불법감청에 의한 전기통신내용의 증거사용금지에 관하여 같은 법 제4조에 의하면 "제3조의 규정에 위반하여, 불법검열에 의하여 취득한 우편물이나 그 내용 및 불법감청에 의하여 지득 또는 채록된 전기통신의 내용은 재판 또는 징계절차에서 증거로 사용할 수 없다."라고 규정하고 있습니다. 또한, 타인의 대화비밀 침해금지에 관하여 같은 법 제14조에 의하면 "①누구든지 공개되지 아니한 타인간의 대화를 녹음하거나 전자장치 또는 기계적 수단을 이용하여 청취할 수 없다. ②제4조 내지 제8 조, 제9조 제1항 전단 및 제3항, 제9조의2, 제11조 제1항·제3항·제4항 및 제12조의 규정은 제1항의 규정에 의한 녹음 또는 청취에 관하여 이를 적용한다." 라고 규정하고 있습니다.

그런데 위 사안에서와 같이 고소인이 자기와 피고인과의 통화내용을 상대방 몰래 녹음한 녹음테이프의 검증조서가 위 고소사건의 형사재판절차에서 증거능력이 인정될 수 있을 것인지 문제됩니다.

이에 관련된 판례를 보면, "피고인이 범행 후 피해자에게 전화를 걸어오자 피해자가 증거를 수집하려고 그 전화내용을 녹음한 경우, 그 녹음테이프가 피고인 모르게 녹음된 것이라 하여 이를 위법하게 수집된 증거라고 할 수 없다."라고 하였습니다(대법원 1997. 3. 28. 선고 97도240 판결).

또한 "녹음테이프 검증조서의 기재 중 고소인이 피고인과의 대화를 녹음한 부분은 타인간의 대화를 녹음한 것이 아니므로 통신비밀보호법 제14조의 적용을 받지는 않지만, 그 녹음테이프에 대하여 실시한 검증의 내용은 녹음테이프에 녹음된 대화의 내용이 검증조서에 첨부된 녹취서에 기재된 내용과 같다는 것에 불과하여 증거자료가 되는 것은 여전히 녹음테이프에 녹음된 대화의 내용이라 할 것인바, 그 중 피고인의 진술내용은 실질적으로 형사소송법 제311조, 제312조 규정 이외에 피고인의 진술을 기재한 서류와 다를 바 없으므로, 피고인이 그 녹음테이프를 증거로 할 수 있음에 동의하지 않은 이상 그 녹음테이프 검증조서의 기재 중 피고인의 진술내용을 증거로 사용하기 위해서는 형사소송법 제313조 제1항 단서에 따라 공판준비 또는 공판기일에서 그 작성자인 고소인의 진술에 의하여 녹음테이프에 녹음된 피고인의 진술내용이 피고인이 진술한 대로 녹음된 것이라는 점이 증명되고 그 진술이 특히 신빙할 수 있는 상태 하에서 행하여진 것으로 인정되어야 한다."라고 하였습니다(대법원 2001. 10. 9. 선고 2001도3106 판결).

따라서 위 사안에서도 丙이 위 녹음테이프를 증거로 할 수 있음에 동의하거나, 위 사건의 공판준비 또는 공판기일에서 그 작성자인 甲의 진술에 의하여 녹음테이프에 녹음된 丙의 진술내용이 丙이 진술한 대로 녹음된 것이라는 점이 증명되고, 그 진술이 특히 신빙할 수 있는 상태 아래서 행하여진 것으로 인정되어야만 위 녹음테이프에 대한 검증조서의 증거능력이 인정될 것으로 보입니다.

친고죄의 공범 제1심판결선고 후 타공범자에 대한 고소취소

甲은 처인 乙女와 丙男이 부정행위를 하여 이혼소송을 제기한 후 간통죄로 고소하였는데, 乙女는 도피하였고 丙男은 이미 제1심 판결의 형이 선고되어 복역 중에 있습니다. 그런데 乙女가 붙들려 조사를 받고 있는바, 자녀들을 생각하여 乙女의 처벌은 원하지 않으므로 공소제기가 되기 이전에 고소를 취하하면 乙女는 처벌을 받지 않게 되는지요?

➡ 처벌받습니다,

　　형사소송법 제232조 제1항에 의하면 "고소는 제1심 판결선고전까지 취소할 수 있다."라고 규정하고 있으며, 형사소송법 제233조에 의하면 "친고죄의 공범 중 그 1인 또는 수인에 대한 고소 또는 그 취소는 다른 공범자에 대하여도 효력이 있다."라고 규정하고 있습니다.

　　그런데 필요적 공범인 상간자의 한 사람에 대하여 이미 제1심 판결이 선고된 후에 다른 한 사람에 대하여 한 고소취소의 효력에 관하여 판례를 보면, "간통죄와 같은 친고죄에 있어서는 그 고소의 취소는 제1심 판결선고 전까지 이를 할 수 있다고 형사소송법 제232조 제1항이 규정하고 있고, 또 형사소송법 제233조의 이른바 고소와 그 취소에 관한 불가분의 원칙이 적용되는 결과 필요적 공범인 상간자의 한 사람에 대하여 이미 제1심 판결이 선고되어 그 사람에 대하여 고소취소의 효력이 미칠 수 없는 경우에는 비록 다른 한 사람에 대하여 아직 공소의 제기나 제1심 판결이 선고되기 이전이라 하더라도 벌써 그 고소를 취하할 수가 없다."라고 하였으며(대법원 1975. 6. 10. 선고 75도204 판결), "친고죄의 공범 중 그 일부에 대하여 제1심 판결이 선고된 후에는 제1심 판결 선고전의 다른 공범자에 대하여는 그 고소를 취소할 수 없고, 그 고소의 취소가 있다 하더라도 그 효력을 발생할 수 없으며, 이러한 법리는 필요적 공범이나 임의적 공범이냐를 구별함이 없이 모두 적용된다."라고 하였습니다(대법원 1985. 11. 12. 선고 85도1940 판결).

따라서 위 사안에서 이미 丙男이 제1심 판결의 형이 선고되어 복역 중에 있는 상태에서는 甲이 乙女에 대한 고소를 취소한다고 하여도 그 고소취하는 효력이 없다고 할 것입니다.

무고죄란 무엇인지

무고죄는 타인으로 하여금 형사처분 또는 징계처분을 받게 할 목적으로 공무소 또는 공무원에 대하여 허위의 사실을 신고함으로써 성립하는 범죄를 말합니다(형법 제156조).

여기에서 허위사실의 신고라 함은 신고사실이 객관적 사실에 반한다는 것을 확정적이거나 미필적으로 인식하고 신고하는 것을 말하는 것으로서, 설령 고소사실이 객관적 사실에 반하는 허위의 것이라 할지라도 그 허위성에 대한 인식이 없을 때에는 무고에 대한 고의가 없고, 고소내용이 터무니없는 허위사실이 아니고 사실에 기초하여 그 정황을 다소 과장한데 지나지 아니한 경우에는 무고죄가 성립하지 않습니다(대법원 1998.9.8.98도1949).

그리고 무고죄의 성립요건에 있어서 그 신고의 방법은 자진하여 사실을 고지하는 한 구두에 의하건 서면에 의하건 또는 고소·고발의 형식에 의하건 혹은 기명에 의하건 익명에 의하건 또는 자기명의에 의하건 타인명의에 의하건 불문하며, 공무소 또는 공무원이라 함은 형사처분 또는 징계처분을 할 수 있는 권한을 가지고 있는 상당관서 또는 보조자를 말합니다.

허위사실을 진정한 경우 무고죄가
성립되는지?

저와 영업상 경쟁관계에 있는 이웃 다방주인 김갑돌은 제가
세무서직원에게 정기적으로 뇌물을 건네므로 세금을 적게 낸
다며 근거 없는 허위사실을 관할경찰서장에게 진정하였습니
다. 이런 경우 김갑돌을 처벌할 수 있는지요?

➡ 형사처분을 받게 할 목적으로 공무원에 대하여 허위
  사실을 진정한 것이라면 무고죄가 성립될 수 있을
  것입니다.

  　무고죄(誣告罪)는 타인으로 하여금 형사처분 또는
  징계　처분을 받게 할 목적으로 공무소 또는 공무원
  에 대하여 허위의 사실을 신고함으로써 성립하는 범
  죄를 말합니다(형법 제156조).
  　허위의 사실을 신고하는 것은 국가기관을 속여 죄
  없는 사람을 억울하게 처벌받게 하는 것이므로 피해
  자에게 큰 고통을 줄뿐만 아니라 억울하게 처벌받은
  경우, 피해자는 국가를 원망하게 되어 국가기강마저
  흔들리게 되므로 무고죄는 10년 이하의 징역 또는
  1,500만원 이하의 벌금에 처하도록 하고 있습니다.
  　관련 판례에서 "무고죄는 타인으로 하여금 형사처분
  또는 징계처분을 받게 할 목적으로 공무소 또는 공무
  원에 대하여 허위의 사실을 신고하는 때에 성립하는

것인데, 여기에서 허위사실의 신고라 함은 신고사실이 객관적 사실에 반한다는 것을 확정적이거나 미필적으로 인식하고 신고하는 것을 말하는 것으로서, 설령 고소사실이 객관적 사실에 반하는 허위의 것이라 할지라도 그 허위성에 대한 인식이 없을 때에는 무고에 대한 고의가 없고, 고소내용이 터무니없는 허위사실이 아니고 사실에 기초하여 그 정황을 다소 과장한데 지나지 아니한 경우에는 무고죄가 성립하지 아니한다." 라고 하였습니다(대법원 1998. 9. 8. 선고 98도1949 판결).

이와 같이 무고죄에 있어서 범의(犯意)는 반드시 확정적 고의임을 요하지 아니하고 미필적 고의로서도 족하다 할 것이므로, 무고죄는 신고자가 진실하다는 확신 없는 사실을 신고함으로써 성립하고 그 신고사실이 허위라는 것을 확신함을 필요로 하지 않습니다(대법원 1997. 3. 28. 선고 96도2417 판결).

또한, 무고죄의 성립요건에 있어서 그 신고의 방법은 자진하여 사실을 고지하는 한 구두에 의하건 서면에 의하건 또는 고소·고발의 형식에 의하건 혹은 기명에 의하건 익명에 의하건 또 자기명의에 의하건 타인명의에 의하건 불문하며, 또한「공무소 또는 공무원」이라 함은 형사처분 또는 징계처분을 할 수 있는 권한을 가지고 있는 상당관서 또는 보조자를 말합니다. 예컨대, 경찰 또는 검사와 같은 수사기관 및 그 보조자인 사법경찰리도 포함됩니다. 징계처분을 받게 할 목적인 경우에는 임명권 및 감독권이 있는 소속장관 또는 상관 등입니다.

따라서 위 사안의 경우 귀하에 대한 김갑돌의 행위는 귀하로 하여금 형사처분을 받게 할 목적으로 공무원에 대하여 허위사실을 진정한 것이라면 무고죄가 성립될 수 있을 것입니다(대법원 1984. 5. 15. 선고 84도125 판결, 1991. 12. 13. 선고 91도2127 판결).

무고한 경우 고소기간이 지난 것이 명백할 때에도 무고죄가 성립되는 지?

초등학교 교사인 제 여동생은 3년 전 건설회사 직원인 남편의 장기 지방출장기간 중 부인이 있는 동료교사 甲과 약 두 달간 불륜관계를 맺었다가 甲이 다른 학교로 전근가면서 관계를 끊은 사실이 있습니다. 그런데 최근 이 사실을 안 甲의 부인은 여동생 남편에게 그 사실을 알렸고 흥분한 여동생 남편이 이를 추궁하자 여동생은 강간당했다고 허위의 주장을 하며 경찰서에 고소장을 접수하였습니다. 조사결과 합의에 의한 불륜관계로 밝혀지자 담당 경찰관은 제 여동생을 무고죄로 입건하겠다고 하는데, 이 경우 무고죄로 처벌받는지요?

➡ 무고죄는 성립되지 않을 것으로 보여집니다.

　귀하의 여동생이 甲이 형사처분을 받도록 할 목적으로 허위의 사실을 신고한 잘못은 크나 그렇다고 꼭 무고죄가 성립하는 것은 아닙니다. 강간죄는 친고죄로서 범인을 알게 된 날로부터 1년을 경과하면 고소할 수 없습니다(형사소송법 제230조 제1항, 성폭력범죄의 처벌 등에 관한 특례법 제18조).
　그런데 귀하의 여동생은 甲과 성관계를 맺은 날로부터 약 3년이 지난 후 강간당했다며 고소를 제기한 것

이고, 이는 명백히 친고죄의 고소기간이 지난 후 고소
한 것이어서 이러한 경우 수사기관은 甲이 실제로 강
간했다고 하더라도 甲을 처벌할 수는 없는 것입니다.

그렇다면 귀하의 여동생이 허위의 사실임을 알고도
경찰서에 고소한 것이 무고죄가 성립될 수 있는지 문
제됩니다.

무고죄에 관하여 형법 제156조에 의하면 "타인으로
하여금 형사처분 또는 징계처분을 받게 할 목적으로
공무소 또는 공무원에 대하여 허위의 사실을 신고한
자는 10년 이하의 징역 또는 1천 500만원 이하의
벌금에 처한다."라고 규정하고 있으며, 위 사안과 관
련된 판례를 보면 "타인으로 하여금 형사처분을 받게
할 목적으로 공무소에 대하여 허위의 사실을 신고하
였다고 하더라도, 그 사실이 친고죄로서 그에 대한 고
소기간이 경과하여 공소를 제기할 수 없음이 그 신고
내용 자체에 의하여 분명한 때에는 당해 국가기관의
직무를 그르치게 할 위험이 없으므로 이러한 경우에
는 무고죄는 성립하지 아니한다."라고 하였습니다(대
법원 1998. 4. 14. 선고 98도150 판결).

따라서 귀하의 여동생에 있어서도 무고죄는 성립되
지 않을 것으로 보여집니다.

공소시효가 완성된 것이 명백한 허위사실을 고소한 경우 무고죄여부

김갑돌은 이을녀에게 돈을 대여하고 이을녀가 작성·교부한 차용증을 근거로 6년 전부터 대여금의 청구를 하였으나, 이을녀는 차일피일 미루기만 하다가 최근에는 그 차용증을 김갑돌이 위조하여 대여금을 청구한다고 사문서위조죄로 형사고소 하였는바, 이 경우 이을녀는 무고죄로 처벌되지 않는지요?

➡ 사문서를 위조하였다는 것이 명백히 드러난 경우라면 무고죄는 성립되지 않을 것으로 보입니다.

   형법 제231조에서는 "행사할 목적으로 권리·의무 또는 사실증명에 관한 타인의 문서 또는 도화를 위조 또는 변조한 자는 5년 이하의 징역 또는 1천만원 이하의 벌금에 처한다."라고 규정하고 있으며, 형사소송법 제249조 제1항 제4호는 장기 10년 미만의 징역 또는 금고에 해당하는 범죄에는 5년의 경과로 공소시효가 완성된다고 규정하고 있으므로 사문서위조죄의 공소시효기간은 5년입니다. 그런데 공소시효의 기산점은 범죄행위의 종료시점부터 시효가 진행되므로(형사소송법 제252조 제1항), 위 사안에서 김갑돌이 주장하는 이을녀의 현금보관증 위조행위는 6년 전에 행하여졌다고 하므로 그 고소내용만으로도 공소시효기간이 경과되었음이 명백하게 드러나는 경우인데, 이러한 경우 김갑돌에게 무고죄를 인정할 수 있을 것인지 문제됩니다.

형법 제156조에서는 무고죄에 관하여 "타인으로 하여금 형사처분 또는 징계처분을 받게 할 목적으로 공무소 또는 공무원에 대하여 허위의 사실을 신고한 자는 10년 이하의 징역 또는 1,500만원 이하의 벌금에 처한다."라고 규정하고 있는데, 판례를 보면 "객관적으로 고소사실에 대한 공소시효가 완성되었더라도 고소를 제기하면서 마치 공소시효가 완성되지 아니한 것처럼 고소한 경우에는 국가기관의 직무를 그르칠 염려가 있으므로 무고죄를 구성한다."라고 하였으나(대법원 1995. 12. 5. 선고 95도1908 판결), "타인으로 하여금 형사처분을 받게 할 목적으로 공무소에 대하여 허위사실을 신고하였다고 하더라도, 신고된 범죄사실에 대한 공소시효가 완성되었음이 신고내용 자체에 의하여 분명한 경우에는 형사처분의 대상이 되지 않는 것이므로 무고죄가 성립하지 아니한다."라고 하였으며(대법원 1994. 2. 8. 선고 93도3445 판결), "허위사실을 신고한 경우라도 그 사실이 사면되어 공소권이 소멸된 것이 분명한 때에는 무고죄는 성립되지 아니한다."라고 하였습니다(대법원 1970. 3. 24. 선고 69도2330 판결).

따라서 위 사안에서 이을녀의 행위에 관하여 고소내용에 6년 전에 사문서를 위조하였다는 것이 명백히 드러난 경우라면 무고죄는 성립되지 않을 것으로 보입니다.

말다툼하면서 사기꾼이라고 한 경우 명예훼손죄가 성립되는지?

저는 동생의 교통사고로 병원에서 가해자측과 합의를 보려는 과정에서 상대방이 먼저 욕설을 하기에 이에 대응하여 「사기꾼」 이라고 말하였습니다. 가해자는 저를 명예훼손죄로 고소한다고 하는데, 그 정도의 말로도 명예훼손죄가 성립되는지요?

➡ **명예훼손죄라기 보다는 모욕죄가 문제될 것으로 보입니다.**

　형법 제307조에 의한 명예훼손죄의 구성요건을 보면 「공연히 사실(또는 허위사실)을 적시하여 사람의 명예를 훼손한 자」로 되어 있는바, 여기서 「공연히」 라는 의미는 불특정 또는 다수인이 인식할 수 있는 상태에 있음을 의미하고 반드시 인식할 것을 요하지는 않습니다.

　또한, 불특정인인 경우에는 수의 다소를 묻지 않고 다수인인 경우에는 그 다수인이 특정되어 있다 하더라도 관계없습니다.

　판례는 "명예훼손죄의 구성요건인 공연성은 불특정 또는 다수인이 인식할 수 있는 상태를 의미하고, 비록 개별적으로 한 사람에 대하여 사실을 유포하였다고 하더라도 그로부터 불특정 또는 다수인에게 전파될 가능성이 있다면 공연성의 요건을 충족하지만, 이와 달리 전파될 가능성이 없다면 특정한 한 사람에 대한 사실의 유포는 공연성을 결한다."라고 하였습니다(대법원 2000. 5. 16. 선고 99도5622 판결).

그리고 「사실의 적시」란 사람의 사회적 가치 내지 평가를 저하시키는데 충분한 사실을 지적하는 것을 말하고 반드시 악한 행위, 추행을 지적할 것을 요하지 않고 널리 사회적 가치를 해할 만한 사실이면 되지만 경제적 가치를 저하시키는 것은 신용훼손죄가 성립되므로 제외되며, 특정인의 가치가 침해될 주장이 될 수 있을 정도로 구체적일 것이 요구되고 또한 피해자가 특정될 것이 필요합니다. 단순한 모욕적인 추상적 가치판단은 모욕죄를 구성할 뿐입니다.

그러므로 「사기꾼」 등의 말은 가치판단인 동시에 사실의 주장이 될 수도 있어 명예훼손죄에 해당될 수도 있지만, 단순한 「도둑놈, 사기꾼」 등의 모욕적인 말은 명예훼손에 해당하지 않고 모욕죄에 해당합니다.

따라서 귀하의 경우에는 거기에 있었던 사람의 수가 다수였다면 명예훼손죄라기보다는 모욕죄가 문제될 것으로 보입니다.

형사고소사건의 처리기간은 얼마나 되는지?

저는 6개월 전 김갑돌을 사기죄로 고소하였으나 수사기관에서는 매번 조사중이라고만 할 뿐 처벌하지 않아 그 동안 수차례 진정한 사실이 있습니다. 고소를 접수할 경우 이를 처리하는 기간은 정해져 있는지? 또한, 이 경우 저는 언제까지 기다려야 하는지요?

➡ 수리한 날로부터 3개월 이내에 수사를 완료하여 공소제기 여부를 결정하도록 규정하고 있습니다. 하지만 3개월 후의 공소제기여부도 유효합니다.

형사소송법상의 고소·고발은 검사 또는 사법경찰관에게 하도록 되어 있습니다(형사소송법 제237조). 그리고 사법경찰관(경찰서 등)에게 고소·고발을 한 경우는 특별사법경찰관리 집무규칙 제45조 제1항에 따라 2개월 이내에 수사를 완료하지 못하면 관할지방검찰청 또는 지청검사의 지휘를 받도록 되어 있으며, 모든 고소·고발사건은 검사에게 송치하여야 하고(형사소송법 제238조) 검사가 공소제기여부를 결정하는바, 이것은 검사의 기소독점주의의 원칙에 따른 것입니다(형사소송법 제246조)(예외: 재판상의 준기소절차 및 즉결심판).

고소·고발사건의 처리기간은 구속사건과 불구속사건으로 나누어지는데 귀하의 경우는 불구속사건으로 보여지며, 그 처리기간은 형사소송법 제257조에서 검사는 고소·고발을 수리한 날로부터 3개월 이내에 수사를 완료하여 공소제기여부를 결정하도록 규정하고 있습니다.

　그러나 위와 같은 기간은 훈시기간에 불과하여 3개월경과 후의 공소제기여부의 결정도 유효한 것이라 할 것입니다.

　따라서 귀하도 수사기관이 고소사건을 처리하지 못하는 사유를 알아보고 신속히 처리될 수 있도록 수사기관에 협조하심이 바람직하다고 생각됩니다.

　참고로 형사고소사건에 대하여 검사가 불기소처분을 하게 되면 고소인이 이의를 제기하는 방법은 두 가지가 있는바, 첫째는 검찰에 항고 및 재항고를 한 후 헌법재판소에 헌법소원심판청구를 하는 방법이 있고, 둘째는 일정한 요건에 해당하는 경우 고등법원에 재정신청을 하는 경우가 있습니다{이것은 특정범죄(공무원의 직무에 관한 죄의 일부)에 한정되어 있음}. 다만, 이 두 가지 경우는 모두 수사가 종결된 후 검사의 불기소처분통지를 받고 이에 이의를 제기하는 방법일 뿐, 귀하의 경우와 같이 아직 수사가 진행중인 사건에 이의를 제기하는 방법은 아닙니다.

고소인이 관련수사기록을 어느 범위까지 열람·등사할 수 있는지?

저는 김갑순을 상대로 사기죄로 고소하였으나 수사결과 김갑순이 무혐의결정을 받았습니다. 하지만 공소부제기이유고지만으로는 확인되지 않은 참고인의 진술 등 김갑순이 저에게 채무가 있다는 것을 뒷받침할 만한 부분이 수사기록상 있을 것으로 보여져 수사기록일체를 열람·등사 신청하여 김갑순에 대한 민사소송제기여부를 결정하고자 합니다. 제가 고소인 자격으로 그 수사기록전부를 열람 또는 등사할 수 있는지요?

➡ 불기소처분이 되었으므로 검사의 처분으로 완결된 사건기록 중 본인의 진술이 기재된 서류에 대하여는 열람을, 본인이 제출한 증거서류에 대하여는 열람·등사를 청구할 수 있을 것이고, 그렇지 아니한 기록의 열람 또는 등사는 정보공개에 관한 제한이 있으므로 검사의 허가여부에 따라 열람 또는 등사 여부가 결정될 것으로 보입니다.

공공기관의 정보공개에 관한 법률 제5조 제1항에 의하면 "모든 국민은 정보의 공개를 청구할 권리를 가진다."라고 규정하고 있습니다. 그리고 검찰보존사무규칙 제20조의2는 피의자였던 자, 피의자였던 자의 변호인·법정대리인·배우자·직계친족·형제자매, 고소인·고발인 또는 피해자, 참고인으로 진술한 자 등은 불기소 사건기록, 진정내사 사건기록 등 검사의 처분으로 완결된 사건기록 중 본인의 진술이 기재된 서류(녹음물·영상녹화물을 포함한다)와 본인이 제출한 서류에 대하여 열람·등사를 청구할 수 있다고 규정하고 있습니다.

검찰보존사무규칙 제22조는 형사사건기록의 열람·등사를 검사가 제한할 수 있는 경우로서 ① 기록의 공개로 인하여 국가의 안전보장, 선량한 풍속 그 밖의 공공의 질서유지나 공공복리를 현저히 해칠 우려가 있는 경우, ② 기록의 공개로 인하여 사건관계인의 명예나 사생활의 비밀 또는 생명·신체의 안전이나 생활의 평온을 현저히 해칠 우려가 있는 경우, ③ 기록의 공개로 인하여 공범관계에 있는 자 등의 증거인멸 또는 도주를 용이하게 하거나 관련 사건의 수사 또는 재판에 중대한 장애를 가져올 우려가 있는 경우, ④ 기록의 공개로 인하여 비밀로 보존하여야 할 수사방법상의 기밀이 누설되거나 불필요한 새로운 분쟁이 야기될 우려가 있는 경우, ⑤ 그 밖에 기록을 공개함이 적합하지 아니하다고 인정되는 현저한 사유가 있는 경우를 규정하고 있습니다.

따라서 귀하의 경우에는 불기소처분이 되었으므로 검사의 처분으로 완결된 사건기록 중 본인의 진술이 기재된 서류에 대하여는 열람을, 본인이 제출한 증거서류에 대하여는 열람·등사를 청구할 수 있을 것이고, 그렇지 아니한 기록의 열람 또는 등사가 절대적으로 금지되는 것이라고는 할 수 없을 것이나 위와 같이 정보공개에 관한 제한이 있으므로 검사의 허가여부에 따라 열람 또는 등사여부가 결정될 것으로 보입니다.

귀하가 수사기록 열람·등사청구를 한 경우 검사가 청구의 전부나 일부를 허가하지 아니하는 경우에는 청구인에게 사건기록 열람·등사 불허가통지서에 그 이유를 명시하여 통지하여야 하는데(검찰보존사무규칙 제21조 제3항), 판례는 "구체적인 경우에 수사기록에 대한 정보공개청구권의 행사가 범위를 벗어난 것이라고 하여 그 공개를 거부하기 위하여는 그 대상이 된 수사기록의 내용을 구체적으로 확인·검토하여 그 어느 부분이 어떠한 법익 또는 기본권과 충돌되는지를 주장·입증하여야만 할 것이고, 그에 이르지 아니한 채 수사기록 전부에 대하여 개괄적인 사유만을 들어 그 공개를 거부하는 것은 허용되지 아니하고, 종결된 수사기록에 대한 고소인의 열람·등사 청구에 대하여 그 내용을 이루는 각각의 수사기록에 대한 거부의 구체적 사유를 밝히지 아니한 채 고소인이 제출한 서류이외의 내용에 대한 열람·등사를 거부한 것이 고소인의 알 권리를 침해하였다."라고 하였습니다(대법원 1999. 9. 21. 선고 98두3426 판결).

다음으로 검사가 수사기록에 대한 열람·등사를 거부한 처분에 대하여 불복하는 방법으로는 이의신청을 할 수 있을 것이며, 이의신청을 거치지 않고도 행정심판을 청구할 수 있고, 최종적으로는 행정소송으로 다툴 수 있을 것이며(공공기관의 정보공개에 관한 법률

제18조, 제19조, 제20조), 직접 헌법소원심판의 대상으로 삼을 수는 없습니다(헌법재판소 2001. 2. 22. 선고 2000헌마620 결정).

참고로 수사기록의 열람·등사의 방법은 검사가 지정하는 일시·장소에서 하여야 하며, 보존사무담당직원은 열람에 참여하여 기록훼손 기타 불법행위가 발생하지 아니하도록 필요한 조치를 하여야 하고, 검사가 기록의 일부에 대하여서만 열람·등사를 허가한 경우 보존사무담당직원은 허가된 부분만 발췌하거나 다른 부분은 밀봉하는 등의 방법으로 허가되지 아니한 부분이 누설되지 아니하도록 필요한 조치를 하도록 되어 있습니다.

가해자에게 합의해준 것이 고소취소가 되는지?

저는 미혼의 직장여성으로 회사에서 잔무를 처리하던 중 직장상사의 친척 김갑돌이 강제로 욕을 보이려는 것을 겨우 방어하였습니다. 저는 심한 모욕감을 느껴 고소하려 하였으나 직장상사 김을남이 반 협박조로 화해를 종용하였고 저도 직장을 계속 다닐 수밖에 없어 조건 없이 「민·형사상 어떠한 이의도 제기하지 않겠다.」는 합의서를 작성해주었습니다. 그러나 김갑돌은 합의서를 받자마자 저를 비웃고 다니는데, 이 경우 김갑돌을 엄중 처벌할 수 있는 방법은 없는지요?

➡ 고소취소가 되었다고 할 수 없을 것입니다.

　고소라 함은 범죄의 피해자 등이 수사기관에 대하여 범죄사실을 신고하여 범인의 처벌을 요구하는 의사표시로서 위 사안과 같은 강간미수는 친고죄이고 이러한 친고죄에 있어서는 고소가 특히 중요한 의미를 가지므로 고소가 있어야 처벌할 수 있고(형법 제306조), 일단 고소를 하였더라도 제1심 판결선고 전까지 고소를 취소하면 공소기각판결이 내려져 가해자를 처벌할 수 없게 됩니다(형사소송법 제232조 제2항, 제327조 제5호).
　우선 위 사안에 있어서 귀하가 김갑돌에게 합의서를 작성해준 것이 과연 고소의 포기로 보아 고소할 수 없는지 문제됩니다.

고소의 사전포기와 관련된 판례를 보면, 피해자의 고소권은 형사소송법상 부여된 권리로서 친고죄에 있어서 고소의 존재는 공소의 제기를 유효하게 하는 것이며 공법상의 권리라고 할 것이므로 그 권리의 성질상 법이 특히 명문으로 인정하는 경우를 제외하고는 자유처분을 할 수 없다고 할 것이며, 형사소송법 제232조에 의하면 일단 한 고소는 취소할 수 있도록 규정하였으나, 고소권의 포기에 관하여는 아무런 규정이 없으므로 고소하기 이전에 고소권을 포기할 수는 없다고 한 바 있으며(대법원 1967. 5. 23. 선고 67도471 판결), 고소하기 이전에 피해자가 처벌을 원하지 않았다고 하더라도 그 후에 한 피해자의 고소는 유효하다고 하였습니다(대법원 1993. 10. 22. 선고 93도1620 판결, 1999. 12. 21. 선고 99도4670 판결).

그러므로 귀하가 김갑돌에게 합의서를 작성해주었다고 하더라도 고소권은 고소 전에 포기할 수 없다는 것이 판례의 태도이므로 귀하가 지금이라도 고소를 하게되면 김갑돌에 대하여 조사가 진행될 것으로 보여집니다.

그리고 위 사안의 경우에는 민사상 문제에 있어서도 직장 상사가 합의서를 작성하도록 종용한 것이 귀하의 자유의사에 의한 것으로 볼 수 없을 정도의 강박(強迫)이 된다면 당해 합의는 무효로 되거나 또는 취소될 가능성도 있다고 보여집니다(민법 제110조).

　참고로 귀하가 일단 고소한 후 고소를 취소할 경우에 관하여 살펴보면, 고소취소는 제1심 판결선고 전까지 할 수 있는데, 만일 그 전까지 고소를 취소하면 공소기각의 판결이 내려져 가해자를 처벌할 수 없게 됩니다(형사소송법 제 327조 제5호). 그런데 고소의 제기와 취소를 피해자의 의사에 전적으로 맡겨두면 고소권이 남용될 우려가 있으므로 고소를 취소한 자는 다시 고소하지 못하도록 규제하고 있습니다(형사소송법 제232조 제2항, 예외 제329조 제2항).

　그리고 고소를 제기한 후에 고소를 취소한다면 그 고소의 취소는 공소제기 전에는 수사기관에, 공소가 제기된 후에는 담당법원에 하여야 할 것인데(형사소송법 제327조), 고소취소장이 아닌 단순한 합의서를 가해자에게 작성하여 준 경우일 뿐이라면 고소취소의 효력이 없을 것이지만(대법원 1983. 9. 27. 선고 83도516 판결), 수사기관이나 법원에 합의서를 제출한 경우 그에 부가하여 피고인에 대한 관대한 처벌을 바란다는 탄원서가 제출되어 있는 경우 고소취소로 볼 수도 있으므로 구체적 사안에 따라서 그것이 고소의 취소로 볼 수 있는 것인지를 검토해 보아야 할 것입니다.

　결국 피해당사자에게 단순한 합의서만을 작성해주었을 뿐이라면 이 경우에는 고소취소가 되었다고 할 수 없을 것입니다.

친고죄의 피해자인 미성년자가 고소취소한 때 법정대리인이 고소할 수 있는지?

저의 17세 된 딸은 미팅에서 만난 남학생에게 강간(강간치상이 아님)을 당하여 수사기관에 고소하였고 그 남학생은 구속되었습니다. 그런데 딸은 수사기관에서 조사를 받던 중 겁도 나고 수치심도 생겨 친권자인 저희들 몰래 고소를 취하하였고, 수사기관에서는 친권자인 부모의 의사도 확인하지 않은 채 공소권 없음을 이유로 가해자를 불기소처분하여 석방시켰습니다. 비록 딸이 고소를 취하하였지만 저는 가해자를 도저히 용서할 수 없어 처벌받게 하고 싶은데, 이 경우 가능한 방법이 있는지요?

➡ 범인을 안 날로부터 1년 이내에 고소할 수 있을 것으로 보입니다.

고소라 함은 범죄의 피해자 기타의 고소권자가 수사기관에 대하여 범죄사실을 신고하여 범인의 수사와 처벌을 요구하는 의사표시를 말합니다. 그런데 강간죄는 친고죄로서 친고죄의 경우에는 고소가 소송조건이므로 고소권자의 고소가 없거나 공소가 제기되었더라도 제1심판결 전에 고소가 취소되면 처벌할 수 없습니다.

　형사소송법상 범죄로 인한 피해자는 고소할 수 있고, 피해자가 미성년자인 경우에 피해자의 법정대리인도 독립하여 고소할 수 있으며, 또한 고소권자는 자기가 제기한 고소를 취소할 수도 있습니다(형사소송법 제223조, 제225조 제1항).

　고소는 의사표시를 내용으로 하는 소송행위이므로 고소가 유효하기 위해서는 고소능력이 있어야 하며, 이에 관하여 판례를 보면 "고소를 함에는 소송행위능력, 즉 고소능력이 있어야 하는바, 고소능력은 피해를 받은 사실을 이해하고 고소에 따른 사회생활상의 이해관계를 알아차릴 수 있는 사실상의 의사능력으로 충분하므로 민법상의 행위능력이 없는 자라도 위와 같은 능력을 갖춘 자에게는 고소능력이 인정된다고 할 것이고, 고소위임을 위한 능력도 위와 마찬가지라고 할 것이다."라고 하였습니다(대법원 1999. 2. 9. 선고 98도2074 판결).

　그러므로 고소능력은 고소의 의미를 이해할 수 있는 사실상의 의사능력으로 충분하며 민법상의 행위능력과는 구별되는 것이고, 위 사안에서 17세의 미성년자인 귀하의 딸은 강간죄의 피해자이며 고소능력도 있다고 생각되므로 적법하게 고소하고 또한 이미 제기한 고소를 취소할 수 있으며 딸의 고소취소에 따른 검사의 불기소처분은 타당하다 하겠습니다.

　따라서 딸은 이미 고소를 취소하였으므로 고소권이 소멸되어 다시 고소하지 못한다 할 것입니다(형사소송법 제232조 제2항).

그런데 형사소송법 제225조에 의하면 "피해자의 법정대리인은 독립하여 고소할 수 있다."라고 규정하고 있는바, 이에 관한 판례는 "형사소송법 제225조 제1항이 규정한 법정대리인의 고소권은 무능력자의 보호를 위하여 법정대리인에게 주어진 고유권이므로, 법정대리인은 피해자의 고소권 소멸여부에 관계없이 고소할 수 있고, 이러한 고소권은 피해자의 명시한 의사에 반하여도 행사할 수 있다."라고 하였으며(대법원 1999. 12. 24. 선고 99도3784 판결), "법정대리인의 고소기간은 법정대리인 자신이 범인을 알게 된 날로부터 진행한다."라고 하였습니다(대법원 1984. 9. 11. 선고 84도1579 판결, 1987. 6. 9. 선고 87도857 판결).

그렇다면 위 사안의 경우 귀하 등 법정대리인은 딸의 고소취소로 인한 고소권의 소멸여부에 관계없이 고소를 할 수 있고, 귀하 등이 범인을 안 날로부터 1년 이내에 고소할 수 있을 것으로 보입니다(성폭력범죄의 처벌 등에 관한 특례법 제18조 제1항).

나아가 일단 검사가 불기소처분을 내린 사건이라고 할 지라도 그 불기소처분은 확정판결과 달리 기판력이 없으므로, 다시 고소하여 혐의가 인정될 경우 검사는 전의 불기소처분을 번복하여 피의자를 기소할 수 있는 것입니다.

형사고소도 대리인이 할 수 있는 지?

70세이신 저의 아버님은 평소 행동이 불량한 동네청년 甲을 꾸짖다가 도리어 김갑돌에게 폭행 당하여 전치 6주의 상해를 입었습니다. 치료를 위해 입원중인 아버님을 대신하여 제가 김갑돌을 직접 고소할 수 있는지요?

➡ 부친으로부터 대리권을 수여 받아 형사소송법 제 236조 및 특별사법경찰관리 집무규칙 제44조의 대리에 의한 방법으로 고소하실 수 있습니다,

범죄의 피해자 기타 고소권자가 수사기관에 대하여 범죄사실을 신고하여 범인의 처벌을 요구하는 의사표시를 고소(告訴)라고 하며, 형사소송법 제237조 제1항에 의하면 "고소 또는 고발은 서면 또는 구술로써 검사 또는 사법경찰관에게 하여야 한다."라고 규정하고 있습니다.
형사소송법상 고소할 수 있는 사람으로는 ① 범죄의 피해자, ② 그 피해자의 법정대리인(부모, 후견인 등)이며, ③ 피해자가 사망한 때에는 그 배우자, 직계친족 또는 형제자매는 피해자의 명시한 의사에 반하지 않는 한 고소할 수 있습니다(형사소송법 제223조, 제225조).

그리고 형사소송법 제236조에 의하면 고소 또는 그 취소는 대리인으로 하여금 하게 할 수 있다고 규정하고 있는데, 대리인에 의한 고소의 방식 및 그 경우 고소기간의 산정기준에 관하여 판례를 보면, "형사소송법 제236조의 대리인에 의한 고소의 경우, 대리권이 정당한 고소권자에 의하여 수여되었음이 실질적으로 증명되면 충분하고, 그 방식에 특별한 제한은 없으므로, 고소를 할 때 반드시 위임장을 제출한다거나 「대리」라는 표시를 하여야 하는 것은 아니고, 또 고소기간은 대리고소인이 아니라 정당한 고소권자를 기준으로 고소권자가 범인을 알게 된 날부터 기산한다."라고 하였습니다(대법원 2001. 9. 4. 선고 2001도3081 판결).

　따라서 위 사안의 경우 귀하는 피해자 또는 피해자의 법정대리인 등이 아니므로 독자적으로 고소할 수는 없으나, 피해자인 부친으로부터 대리권을 수여 받아 형사소송법 제236조 및 특별사법경찰관리집무규칙 제44조의 대리에 의한 방법으로 고소하실 수 있습니다.

성폭력범죄인 강간죄의 경우에도 고소가능기간이 6개월인지?

저는 8개월 전 김갑돌으로부터 강간당한 후 수치스럽기도 하고 주위에 알려지는 것이 두려워 김갑돌을 고소하지 않았습니다. 그런데 김갑돌은 사과는 커녕 지금도 저를 괴롭히며 모욕까지 하고 있어 처벌받게 하고 싶습니다. 지금이라도 김갑돌을 고소할 수 있는지요?

➡ 판례에서의 강간죄의 고소기간은 범인을 알게 된 날로부터 6월이 아닌 1년으로 볼 수 있고, 위 사안에서는 고소할 수 있을 것으로 보입니다.

  형법 제297조에서는 강간죄에 관하여 "폭행 또는 협박으로 부녀를 강간한 자는 3년 이상의 유기징역에 처한다."라고 규정하고 있으며, 이러한 강간죄는 고소가 있어야만 처벌이 가능한 친고죄이고(형법 제306조), 그 고소기간은 범인을 안 날로부터 6월이 경과하기 전에 하여야 하는 것으로 규정되어 있습니다(형사소송법 제230조 제1항).
  그러나 성폭력범죄의 처벌 등에 관한 특례법 제2조 제1항 제3호에서는 형법 제297조의 강간죄도 성폭력범죄로 규정하고 있으며, 성폭력범죄의 처벌 등에 관한 특례법 제18조 제1항 본문에서는 "성폭력범죄

중 친고죄에 대하여 형사소송법 제230조(고소기간) 제1항의 규정에 불구하고 범인을 알게 된 날부터 1년을 경과하면 고소하지 못한다."라고 규정하고 있습니다.

그리고 관련 판례도 "성폭력범죄의처벌및피해자보호등에관한법률 제2조 제1항 제3호는 형법 제297조의 강간죄도 「성폭력범죄」로 정의하고 있고, 성폭력범죄의처벌및피해자보호등에관한법률 제19조 제1항은 성폭력범죄 중 친고죄에 대하여는 형사소송법 제230조 제1항(6개월 고소기간 규정)에도 불구하고 범인을 알게 된 날로부터 1년을 경과하면 고소하지 못한다고 규정하고 있으므로, 형법 제297조의 강간죄에 대하여는 범인을 알게 된 날로부터 6월이 지났으나 1년 이내에 고소한 사건을 고소기간 경과를 이유로 공소기각한 원심은 위법하다."라고 하였습니다(대법원 1998. 3. 27. 선고 97도3308 판결).

그러므로 강간죄의 고소기간은 범인을 알게 된 날로부터 6월이 아닌 1년으로 볼 수 있고, 위 사안에서 귀하는 강간에 대한 입증자료만 충분하다면 김갑돌을 고소하여 법의 심판을 받게 할 수 있을 것입니다.

강간고소사건에 대한 검찰의 무혐의결정이 있은 경우 간통죄의 고소기간 기산점

김갑돌은 그의 처 이을녀와 최병수의 성행위가 있음을 알게 되었습니다. 그런데 이을녀는 최병수에게 강간을 당하였다고 최병수를 강간죄로 고소하였으므로 강간고소사건의 결과를 보고난 후 간통죄고소여부를 결정하려고 기다렸습니다. 그 후 7개월이 지나서 최병수에 대한 강간고소사건이 검찰에서 무혐의결정 되었습니다. 이 경우 김갑돌이 지금이라도 이을녀와 최병수를 간통죄로 고소할 수 있는지요?

➡ 무혐의결정이 있은 때로부터 6월 이내에 간통죄로 고소할 수 있을 것으로 보입니다.

형법 제241조에서는 "① 배우자있는 자가 간통한 때에는 2년 이하의 징역에 처한다. 그와 상간한 자도 같다. ② 전항의 죄는 배우자의 고소가 있어야 논한다. 단, 배우자가 간통을 종용 또는 유서한 때에는 고소할 수 없다."라고 규정하여 간통죄를 고소가 있어야 처벌할 수 있는 친고죄로 규정하고 있습니다. 그런데 이러한 친고죄의 고소기간에 관하여 형사소송법 제230조 제1항에서는 "친고죄에 대하여는 범인을 알게 된 날로부터 6월을 경과하면 고소하지 못한다. 단, 고소할 수 없는 불가항력의 사유가 있는 때에는 그 사유가 없어진 날로부터 기산한다."라고 규정하고 있습니다.

그러므로 위 사안에서 김갑돌은 이을녀와 최병수의 성행위가 있었음을 알게 된 것은 7개월 전이었지만, 이을녀가 최병수에게 강간을 당하였다고 주장하면서 최병수를 강간죄로 고소하였으므로 그 강간고소사건의 처분결과를 기다리다가 7개월이 경과된 것이므로 이러한 경우 간통죄로 고소할 수 있는 기간이 경과되었다고 볼 것인지 문제됩니다.

이에 관련된 판례를 보면, "형사소송법 제230조 제1항 본문은 「친고죄에 대하여는 범인을 알게 된 날로부터 6월을 경과하면 고소하지 못한다.」 라고 규정하고 있는바, 여기서 범인을 알게 된다 함은 통상인의 입장에서 보아 고소권자가 고소를 할 수 있을 정도로 범죄사실과 범인을 아는 것을 의미하고, 범죄사실을 안다는 것은 고소권자가 친고죄에 해당하는 범죄의 피해가 있었다는 사실관계에 관하여 확정적인 인식이 있음을 말한다."라고 하면서, "고소인이 처와 상간자 간에 성관계가 있었다는 사실을 알게 되었으나, 처가 상간자와의 성관계는 강간에 의한 것이라고 주장하며 상간자를 강간죄로 고소하였고, 이에 대하여 검찰에서 무혐의결정이 나자 이들을 간통죄로 고소한 경우, 고소인으로서는 그 강간고소사건에 대한 검찰의 무혐의 결정이 있은 때 비로소 처와 상간자 간의 간통사실을 알았다고 봄이 상당하므로, 그 때로부터 고소기간을

기산(起算)하여야   한다."라고   하였습니다(대법원
2001. 10. 9. 선고 2001도3106 판결).
 따라서 위 사안에 있어서도 김갑돌은 이을녀가 최병
수를 강간죄로 고소한 사건에 대하여 검찰의 무혐의
결정이 있은 때로부터 6월 이내에 이을녀와 최병수를
간통죄로 고소할 수 있을 것으로 보입니다.

아동·청소년의 성보호에 관한 법률 상의 청소년에 대한 강간 및 강제추행죄가 친고죄인지?

김갑돌은 17세의 이을녀를 강제추행하였으므로 이을녀는 고소를 하였습니다. 그런데 김갑돌은 크게 뉘우치고 이을녀의 정신적 고통에 대한 손해배상도 모두 하였으며, 김갑돌의 홀어머니가 사정을 하므로 이을녀와 그 부모들은 고소를 취소해주려고 합니다. 이 경우 고소가 취하되면 김갑돌이 처벌받지 않게 되는지요?

➡ 고소를 취하한다면 처벌받지 않을 것으로 보입니다.

형법 제298조는 강제추행죄에 관하여 "폭행 또는 협박으로 사람에 대하여 추행 을 한 자는 10년 이하의 징역 또는 1,500만원 이하의 벌금에 처한다." 라고 규정하 고 있으며, 같은 법 제306조는 강제추행죄는 고소가 있어야 공소를 제기할 수 있는 친고죄로 규정하고 있습니다. 그런데 「아동·청소년의 성보호에 관한 법률」 제2조 제1호는 "아동·청소년은 19세 미만의 자를 말한다. 다만, 19세에 도달하는 해의 1월 1일을 맞이하는 자를 제외한다." 고 규정하고 있습니다. 한편, 「청소년의 성보호에 관한 법률」 (2005. 12. 29. 법률 제7801호로 개정되기 전 의 것) 은 청소년을 상대로 한 성범죄에 대하여 친고죄인지의 여부에 관하여는 별도 의 규정이 없었으나, 이에 관하여 판례는 "청소년의성보호에관한법률에는 친고죄 여부에 대한 명시적 규정이 없으므로 위 법 제10조 위반죄를 친고죄라고 해석하는 것 이 죄형법정주의의 원칙과 '이 법을 해석·적용함에 있어서는 국민의 권리가 부당하 게 침해되지 아니하도록 주의하여야 한다.'고 규정한 청소년의성보호에관한법률 제3 조의 취지에도 부합하는 점, 청소년의성보호에관한법률의 제정취지는 청소년의 보호 에 있는데 위 법 제10조를 비친고죄로 해석하여 성폭행을 당한 모든 청소년을 그의 의사에 불구하고 조사를 하게 되면 오히려 청소년의 보호에 역행하게 될 여지도 있 게 되는 점 등에 비추어 보면 위 법률 제10조 위반죄에 대하여도 형법 제306조가 적용된다."라고 하여(대법원 2001. 6. 15. 선고 2001도1017 판결), 친고죄라는 입장 을 취하였습니다. 그 후 2005. 12. 29. 법률 제7801호로 개정·공포된 「청소년의 성보호에 관한 법률」 제10조의2는 "제10조 제1항 내지 제5항의 죄에 대한 고소기간은 형사소송법 제 230조 제1항의 규정에 불구하고 범인을 알게된 날부터 2년으로 한다. 이 경우 고소 할 수 없는 불가항력의 사유가 있는 때에는 그 사유가 없어진 날부터 고소기간을 기산한다."라는 규정을 신설하여 법규정상으로도 친고죄임을 명확히 하였습니다. 따라서 위 사안에서도 피해자인 이을녀가 고소를 취소한다면 김갑돌은 처벌받지 않을 것으 로 보입니다. 한편, 청소년 대상 성범죄를 친고죄로 하고 있어 형사처벌을 민사손해배상으로 전락 시켜서 범죄자에 대한 정당한 처벌을 가로 막고 있다는 지적에 따라 「아동·청소년의 성보호에 관한 법률」 제16조에서는 청소년 대상 성범죄를 현행 친고죄에서 반의사불벌죄(反意思不罰罪)로 변경하였습니다.

수사기관이 교도기관에 수형된 고소권자를 증인 또는 피해자로 신문하여 작성한 조서에 범인의 처벌을 요구하는 의사표시가 기재된 경우 고소의 성립 여부

교도기관에 수용된 피해자가 교도시설내에서 이뤄진 폭행에 대하여 고소장에 피의자를 처벌하기를 원하는 조항을 붙이고, 피해자로 조서를 작성한 경우 고소는 적법하게 이루어진 것인가요?

➡ 수사기관이 고소권자를 증인 또는 피해자로 신문한 경우에 그 진술에 범인의 처벌을 요구하는 의사표시가 포함되어 있고 그 의사표시가 조서에 기재되면 고소는 적법하게 이루어진 것이다.

　　사법경찰관리의 직무를 행할 자와 그 직무범위에 관한 법률 제5조 제1호, 제6조 제1호는 "교도소 등의 소속공무원 중 그 소속관서의 장의 제청에 의하여 그 근무지를 관할하는 지방검찰청검사장이 지명한 국가공무원은 당해 교도소 등에서 발생하는 범죄에 한하여 사법경찰관리의 직무를 행한다."고 규정하고 있고, 형사소송법 제237조 제1항은 "고소 또는 고발은 서면 또는 구술로써 검사 또는 사법경찰관에게 하여야 한다." 고 규정하고 있으며, 수사기관이 고소권자를 증인 또는 피해자로서 신문한 경우에 그 진술에 범인의 처벌을 요구하는 의사표시가 포함되어 있고 그 의사표시가 조서에 기재되면 고소는 적법하게 이루어진 것이라고 할 것이므로(대법원 1985. 3. 12. 선고 85도190 판결 참조), 사법경찰관리의 직무를 행할 수 있는 범죄에 대하여 피해자 진술을 하면서 피의자에 대한 처벌의사를 표시한 이상 이는 사법경찰관에게 구술로 고소한 것이라고 보아야 할 것이다.

그러나 공무원이 법령을 해석하여 직무를 집행함에 있어서 나름대로 신중을 기하여 합리적인 근거를 찾아 이에 따라 처리를 하였을 경우, 그 처리가 결과적으로 위법하게 되어 그 법령의 부당집행이라는 결과를 가져오게 되었다고 하더라도 그와 같은 처리방법 이상의 것을 성실한 평균적 공무원에게 기대하기는 어렵다고 볼 수 있을 때에는 비록 그 행위가 위법하다 하여 바로 국가배상법상 공무원에게 고의, 과실 등의 귀책사유가 있다고 인정할 수는 없다고 할 것이고, 그 국가배상책임이 인정되려면 위 각 교도소의 담당 교도관이 위법 또는 부당한 목적을 가지고 위와 같은 결정을 하였다거나 법이 교도관의 직무수행상 준수할 것을 요구하고 있는 기준을 현저하게 위반하는 등 교도관이 그에게 부여된 권한의 취지에 명백히 어긋나게 이를 행사하였다고 인정할 만한 특별한 사정이 있어야 할 것입니다.

검사가 범죄사실을 일부누락하고 일부를 무혐의 처분한 경우 그 효력

검사가 고소인의 고소사실 중 범죄혐의가 인정되는 일부 범죄사실을 누락한 채 공소를 제기하고 일부 고소사실에 대하여는 무혐의 처분을 하였다고 하더라도 그와 같은 행위가 고소인에 대한 불법행위를 구성하는지??

➡ **불법행위를 구성하지 않습니다.**

검사가 포괄일죄의 관계에 있는 고소인의 고소사실 중 일부 범죄사실을 누락한 채 공소를 제기하자 누락된 고소사실에 대하여도 조사·처벌하여 줄 것을 재차 요구하는 고소인의 촉구가 있었음에도 누락된 범죄사실에 대하여 추가기소 등의 조치를 취하지 않고 있다가 먼저 공소제기된 범죄사실에 대한 유죄의 확정판결이 있은 다음 뒤늦게 누락된 범죄사실을 추가기소하였으나 면소판결을 받고, 일부 범죄사실에 대하여는 범죄혐의를 인정할 수 없다는 종국처분을 내렸다고 하더라도 당시의 제반 사정에 비추어 검사가 의식적으로 그 직무를 방임하거나 포기하였다고 볼 수 없고, 나아가 적법한 수사절차를 거쳐 일부 고소사실에 대하여 범죄의 혐의가 없는 것으로 결정하였다면 위와 같은 검사의 직무 수행은 고소인에 대한 불법행위를 구성하지 않습니다.

 원고의 고소사실에 대하여 범죄혐의를 인정하지 않았다는 사실만으로 검사로서의 직무를 유기하였다거나 의도적으로 태만히 한 것이라고 볼 수 없고, 달리 이를 인정할 만한 증거도 없으므로, 손해배상을 하거나 징계를 받을 이유가 없습니다.

공소장에 강간범행 일시를 일률적
이지 않게 각 기재한 경우

공소장에 강간범행 일시를 '2006. 12. 15.부터 같은 달 24. 사이 18:00~23:00경', '2007. 1. 11.부터 같은 달 24. 사이 08:00~12:00경', '2007. 6. 18. 08:00~12:00경'으로 각기 다르게 기재한 경우 공소사실이 불특정되었다고 볼 수 있는지?

➡ 공소사실이 불특정되었다고 볼 수 없습니다.

　공소장에 강간범행에 대한 공소사실의 각 범행일시를 '2006. 12. 15.(금)부터 같은 달 24.(일) 사이 18:00~23:00경', '2007. 1. 11.(목)부터 같은 달 24.(수) 사이 08:00~12:00경', '2007. 6. 18.(월) 08:00~12:00경'으로 기재한 사안에서, 고소장 제출 당시를 기준으로 이미 약 6개월 내지 11개월 가량 전에 발생한 강간사건에 관하여 피해자에게 그 일시를 정확하게 기억하여 진술하도록 기대하는 것은 극히 어려운 점, 공소장에 각 강간범행이 이루어진 범행장소와 방법 등이 구체적으로 기재되어 있는 점, 피해자의 기억력의 한계, 목격자의 진술 내지 증거물의 부존재, 피고인이 피해자와 성관계를 가진 사실 자체를 부인하는 사정 등을 종합적으로 고려할 때, 위 각 범죄일시는 이중기소나 시효에 저촉되지 않는 정도의 기재로서 다른 범죄사실과 구별이 가능하여 공소사실은 특정된 것으로 판단되고, 당초 고소장의 범죄일시에 비하여 다소 개괄적으로 기재됨으로써 피고인의 현장부재증명에 다소 애로가 있다는 사유만으로 공소를 기각해야 할 정도로 공소사실이 불특정되었다고 볼 수 없습니다.

 형사소송법 제254조 제4항에서 공소사실의 특정요소를 갖출 것을 요구하는 법의 취지는 피고인의 방어의 범위를 특정시켜 방어권 행사를 쉽게 하려는 데에 있는 것이므로, 공소사실은 그 특정요소를 종합하여 범죄구성요건에 해당하는 구체적 사실을 다른 사실과 식별할 수 있는 정도로 기재하면 족한 것이고, 위 법규정에서 말하는 범죄의 시일은 이중기소나 시효에 저촉되지 않을 정도로 기재하면 되는 것이므로 비록 공소장에 범죄의 시일이 구체적으로 적시되지는 않았더라도 그 기재가 위에서 본 정도에 반하지 아니하고, 더구나 그 범죄의 성격에 비추어 그 시일에 관한 개괄적 표시가 부득이하며 또한 그에 대한 피고인의 방어권 행사에 지장이 없다고 보이는 경우에는 그 공소내용이 특정되지 않았다고 볼 수 없습니다(대법원 1997. 8. 22. 선고 97도1211 판결 등 참조).

고소사건을 수임한 변호사에게 피고소인이 반드시 기소되도록 하여야 할 법률상의 의무가 있는지 여부

갑은 을에게 위임계약을 체결한 수임인으로서 그 위임의 취지에 따라 선량한 관리자의 주의의무로서 위임사무를 처리하여야 함에도 피고소인들과 민사상 합의를 하여도 피고소인들을 형사고소할 수 있고 더 유리하다는 피고의 잘못된 법률자문에 따라 원고는 피고소인들과 이 사건 빌라의 공사대금에 대하여 민사상 합의를 하였는데, 그로 인하여 원고가 고소한 피고소인들이 사기죄에 대하여 각 혐의없음 처분을 받게 되어 결국 원고가 형사합의금을 받지 못하게 되었고, 피고가 형사고소만 하면 형사합의금으로 공사대금을 전액 받을 수 있고, 보전처분을 통해서는 원고의 공사대금채권을 확보하기는 어렵다며 피고소인들의 재산 등에 가압류, 가처분 등 보전처분신청을 하지 않는 바람에 원고는 공사대금채권을 보전할 수 있는 기회를 잃게 손해를 입었는데 갑에게 을은 보상청구 및 법률적인 처벌을 요구할 수 있는지요?

➡ 보전처분을 신청하지 않은 것이 형사고소사건을 수임한 변호사로서 선량한 관리자의 주의의무를 다하지 않은 것이라고 할 수 없을 뿐만 아니라, 피고가 위 보전처분을 신청하지 않은 것으로 인하여 을에

게 어떠한 손해가 발생하였다고 볼 수도 없다고 볼 수있으므로 처벌 및 손해배상을 청구할 수 없을 것으로 보입니다.

　사건 고소 전에 피고소인들과 합의하려고 한다는 원고의 말에 공사대금 중 일부는 합의해서 지급받고, 나머지는 고소를 하여 지급받으면 된다는 취지로 조언을 한 사실은 당사자 사이에 다툼이 없으나, 사기 피의자가 범행 이후 피해자와 민사상 합의를 하였다는 사정만으로 그 범죄의 성립이 부정되는 것은 아니므로 민사상으로 합의를 한 것과 이 사건 고소사건에서 피고소인들이 혐의없음 처분을 받은 것 사이에 인과관계가 있다고 할 수 없으며, 고소사건을 수임한 변호사에게 피고소인이 반드시 기소되도록 하여야 할 법률상 의무가 있는 것도 아니라 할 것이고, 피고소인들이 혐의없음 처분을 받은 것으로 인하여 원고의 피고소인들에 대한 공사대금채권이 소멸한 것도 아니므로 원고에게 어떠한 손해가 있다고 볼 수는 없다 할 것이며, 달리 원고의 위 주장 사실을 인정할 만한 증거가 없으므로, 을의 주장은 이유 없다 할 것입니다.
　소송대리를 위임받은 변호사는 그 수임사무를 수행함에 있어 전문적인 법률지식과 경험에 기초하여 성실하게 의뢰인의 권리를 옹호할 의무가 있다고 할 것이지만, 구체적인 위임사무의 범위는 변호사와 의뢰인 사이의 위임계약의 내용에 의하여 정하여지고, 변호사에게 이와 같은 위임의 범위를 넘어서서 의뢰인의 재

산 등 권리의 옹호에 필요한 모든 조치를 취하여야
할 일반적인 의무가 있다고 할 수는 없다(대법원
2002. 11. 22. 선고 2002다9479 판결 등 참조).
 갑이 을에게 법률상담을 할 당시 피고소인들 명의로
별다른 재산이 없다면 보전처분의 신청이나 민사상
소제기가 피해회복에 직접적인 도움이 될 수 없다는
취지로 말한 사실은 당사자 사이에 다툼이 없으나, 을
이 갑에게 고소사건을 의뢰하는 외에 을의 공사대금
채권에 대한 보전처분의 신청이나 민사사건을 위임하
였음을 인정할 만한 증거가 없는 이 사건에 있어서는,
갑이 을의 공사대금채권의 확보를 위하여 피고소인들
의 재산이나 이 사건 빌라 등에 가압류, 가처분 등의
보전처분의 신청을 하여야 할 의무가 있다고 볼 수는
없고, 당시 피고소인들 명의로 된 재산이 없었던 이
사건에 있어서는 갑이 당시 보전처분신청을 했더라면
손쉽게 보전처분결정을 받을 수 있었다거나 그 보전
처분을 통하여 자신의 공사대금채권을 실효성 있게
확보할 수 있었다는 점을 인정하기 어려우며, 달리 이
를 인정할 만한 증거도 없으므로, 갑이 위와 같은 보
전처분을 신청하지 않은 것이 형사고소사건을 수임한
변호사로서 선량한 관리자의 주의의무를 다하지 않은
것이라고 할 수는 없을 뿐만 아니라, 피고가 위 보전
처분을 신청하지 않은 것으로 인하여 을에게 어떠한
손해가 발생하였다고 볼 수도 없어 갑의 을에 대한
보상이나 형사적인 처벌은 없을 것입니다.

검사작성 공동피고인에 대한 조서를 그 공동피고인이 인정한 경우 증거능력여부

김갑돌과 이을남은 사기죄의 공범으로서 공동피고인인데, 김갑돌이 이을남의 범죄사실에 대하여 검사작성의 피의자신문조서상 진술하였고, 법정에서도 그 조서의 진정성립 및 임의성을 인정하였으나, 이을남은 위 사실을 부인하고 있습니다. 이 경우 위 조서가 증거능력이 인정되는지요?

➡ 증거능력이 인정될 수 있을 것으로 보입니다.

　형사소송법 제312조 제1항에서는 "검사가 피고인이 된 피의자의 진술을 기재한 조서는 적법한 절차와 방식에 따라 작성된 것으로서 피고인이 진술한 내용과 동일하게 기재되어 있음이 공판준비 또는 공판기일에서의 피고인의 진술에 의하여 인정되고, 그 조서에 기재된 진술이 특히 신빙할 수 있는 상태하에서 행하여졌음이 증명된 때에 한하여 증거로 할 수 있다."라고 규정하고 있습니다.
　그런데 검사작성의 공동피고인에 대한 피의자신문조서를 그 공동피고인이 법정에서 성립 및 임의성을 인정한 경우, 그 조서가 다른 공동피고인에 대한 범죄사실에 대하여 증거능력이 인정되는지에 관하여 판례를 보면, "검사작성의 공동피고인에 대한 피의자신문조서

는 공동피고인이 그 성립 및 임의성을 인정한 이상
피고인이 이를 증거로 함에 동의하지 않았다고 하더
라도 그 증거능력이 있다."라고 하였습니다(대법원
1996. 3. 8. 선고 95도2930 판결, 1998. 12.
22. 선고 98도2890 판결, 2001. 4. 27. 선고 99
도484 판결).

 따라서 위 사안에서 김갑돌의 진술에 의하여 검사가
작성한 위 조서는 이을남의 범죄사실에 대하여 증거
능력이 인정될 수 있을 것으로 보입니다.

제2장. 고발장

공익을 위해 정치인의 비리 사실을 고발한 경우에도 명예훼손죄가 성립하는지?

➡ 명예훼손에 해당하는 경우라도 진실한 사실로서 오로지 공공의 이익에 관한 때에는 처벌받지 않습니다.

허위인 사실을 알려 다른 사람의 명예를 저하시키는 행위가 명예훼손죄로 처벌받는 것에 의문이 없습니다. 그러나 진실한 사실을 순전히 공공의 이익을 위해서 알린 경우까지 처벌하게 되면 헌법상 보장된 표현의 자유와 알권리가 부당하게 제약을 받게 됩니다.

따라서 형법 제310조에서 이러한 경우 처벌을 하지 아니한다는 위법성조각사유를 규정하고 있습니다. 이 조항에 의해 처벌받지 않기 위해서는 중요한 부분이 사실과 합치하면 되고 세부사항에 다소 과장이 있다 하더라도 허위의 사실이라고 할 수 없다는 것이 판례의 태도입니다.

형법 제310조는 진실한 사실을 적시한 경우에만 성립하고 허위의 사실을 적시하거나 모욕죄를 범한 경우에 대해서는 인정되지 않습니다.

문방구 어음도 형사고발 가능한가요?

저는 서울에서 도매업을 하는데 거래처로부터 결재약속이 계속 지켜지지않아 문방구어음으로 대신 받아 다른 거래처에 그 어음으로 대신 결재했는데 지급기일이 지나도 결재되지 않아 계속 요구하였으나 의도적으로 연락을 피하고 있는 상황이라 형사고발을 할 수 있을까요.

➡ **형사고발을 할 수 없습니다.**

　　문방구어음은 제도권어음과는 다릅니다.

　　물론 제도권어음이라도 모두 형사대상은 되지 않습니다. 하지만 제도권어음의경우는 지급기일에 미지급시에는 은행에서 부도처리함으로서 기업의 차후 자금조달이나 신용에 심각한 타격을주게됨으로서 계속 영업해야할 기업은 자금순환에 경색이올 때 미리 다른 방법으로라도 조달하여 어음대금을 결재하기도합니다.

　　그러나 문방구어음은 사실상 개인간의 사적인 차용증의 역할을 할뿐 형사처벌의 대상은 아닙니다.

　　결국 형사처벌 대상이 아니고 민사소송의 대여금반환소송 등에 해당됩니다.

　　어음소지인의 거주지법원에서 민사소송 또는 액수가 크지 않을 시 소액심판을 청구하거나 일반적 재판이 없는 지급명령을 청구하시면 됩니다

소액심판이나 지급명령등은 그 처리기간이 대개는
한달 정도로 매우 짧고 절차가 간단하므로 이를 이용
하면 민사소송으로 인해서 발생하는 장기간의 소송기
간과 비용을 절약할 수 있습니다.

언어 성희롱을 당한 경우 고발

제 동생이 회사 동료직원 甲에게 전화로 언어 성희롱을 당했습니다. 핸드폰 음성 메시지에 음성을 남겼는데 8번 중에 4번을 어제 사창가에서 근무하는거 잘봤다는 등의 모욕적인 말을 남겼습니다. 그래서 현재 저장되어 있는 상태입니다. 고발 할수 있는 방법은 어떻게 되고 만약 고발을 할 경우 상대방은 어떤 처벌을 받게 되는지 알고 싶습니다.

➡ 1년 이하의 징역 또는 300만원 이하의 벌금에 처해집니다.

핸드폰을 이용한 언어성폭력의 경우에는 성폭력 특별법에 의해서 처벌할 수 있습니다.

성폭력범죄의 처벌 등에 관한 특례법 제12조에는 "자기 또는 다른 사람의 성적 욕망을 유발하거나 만족시킬 목적으로 전화·우편·컴퓨터 기타 통신매체를 통하여 성적 수치심이나 혐오감을 일으키는 말이나 음향, 글이나 도화, 영상 또는 물건을 상대방에게 도달하게 한 자는 1년 이하의 징역 또는 300만원 이하의 벌금에 처한다."고 규정하고 있습니다.

법적인 처벌을 원하시면 아무래도 경찰에 고발하시면 됩니다.

조사받을 때 남자경찰이 불편하면 여경에게 조사받고 싶다고 신청하면 됩니다.

성폭력 피해여성의 경우 편안한 환경에서 조사받을
수 있도록 여경에게 조사받을 권리인 여경조사청구권
이 있습니다.

피해자와 가해자가 같은 직장이므로 노동부에 성희
롱으로 진정을 제기할 수 있는 방법도 있습니다.

이 경우 회사에 대해 성희롱 예방을 하지 못한 책임
을 물어 벌금이 과해지며, 시정명령이 있게 됩니다.

피해자나 가해자가 학생인 경우라면 학교측에 신고
해서 학칙으로 처벌할 수 있는 방법도 있습니다.

폭력사건으로 고발을 당한 경우

올해 62세인 甲녀가 올해 35세인 乙女를 발로 3차례 걷어차서 고발을 당했는데 乙女는 상해진단 3주가 나왔습니다.
乙女측에서는 합의금으로 천만원을 요구하면서 전부를 지급하지 않으면 합의를 해줄수 없다고 하고 있습니다.
甲女는 아직 진술서도 안쓰고 있고 합의도 못보고 있는데 계속 합의를 안보고 진술서를 안쓸 경우와 합의를 보고 진술서를 안쓸 경우 최종결과는 어떻게 되는 지요

➡ **합의를 보고 진술서를 쓰는 것이 가장 좋습니다.**

　우선 3주간의 치료를 요한다는 진단서를 발급받은 것이 사실인지 여부를 확인할 필요가 있습니다.
　그리고 3주간의 치료를 요한다는 진단서는 발로 피해자의 무릎을 3회 걷어 찼다면 충분히 발급될 수 있습니다.
　진술서란 피의자(범죄를 저질렀다고 의심되는 자)가 피의사실(즉 범죄와 관련하여 의심되는 사실)에 관하여 직접 작성하는 것인데, 보통 형사입건되는 경우 처음에는 진술서를 작성하라고 합니다.
　그리고 피의자가 작성하는 것이 보통입니다.
　피의자가 진술서를 작성한 다음에는, 피의자신문조서 (이는 경찰이나 검찰에서 형사나 검사가 피의자에게 피의사실에 관하여 질문하고, 피의자가 그에 대하여 대답하는 형식으로 작성됩니다)를 작성하게 됩니다.

　그러나, 반드시 진술서를 작성하고 난 후에 피의자신문조서를 작성하는 것은 아니며, 피의자가 진술서를 작성하는 것을 거부하는 경우에는 곧바로 피의자신문조서를 작성하게 됩니다.

　따라서 경찰이 진술서를 작성하라고 하면, 사실대로 작성하시면 됩니다. 그리고 피의자신문조서를 작성할 때에도 사실대로 진술하는 것이 좋습니다.

　폭행죄는 반의사불벌죄입니다(즉 피해자의 의사에 반하여는 공소를 제기할 수 없습니다, 쉽게 말하면 피해자가 가해자의 처벌을 원하지 아니하면 처벌할 수 없는 것입니다).

　따라서 합의가 매우 중요합니다. 그러므로 적정한 선에서 합의를 시도해 보는 것이 적절합니다.

　그러나, 피해자측에서 합의금으로 1,000만원을 요구하는 것은, 피해의 정도(3주 진단서), 가해자의 경제적 능력 등을 고려해 볼 때, 상당히 부당하다고 보여집니다.

　보통 1주당 50만원에서 100만원 선에서 합의를 하는 것이 일반적이지요.

　만약, 합의가 이루어지지 않는다면, 甲女는 형사처벌을 받을 가능성이 높습니다.

　그러나, 사건의 경위(예를 들면 피해자가 가해자를 자극하여 폭행을 유도하였다든지, 사건발생의 원인을 피해자가 상당부분 제공하였다든지 등), 피해의 정도, 가해자의 범행 후 행동 등 여러 사정을 감안하여, 검찰에서 기소유예처분을 받을 수도 있습니다.

기소유예란 처벌이 가능함에도 피의자의 연령 등 제반사정을 참작하여 공소제기의 필요가 없다고 인정되는 경우 검사가 내리게 되는 결정인데, 주로 피의자의 연령, 전과 유무, 학력, 직업, 범행의 동기(우발적이었는지 계획적이었는지), 범행의 수단과 결과 피해자와의 관계, 피해자와 합의 성립 여부, 피해자의 처벌 희망의사 유무, 공탁금액의 상당성 등을 고려하게 됩니다.

그러나, 甲女의 나이등을 고려하여 벌금형을 선고받을 가능성이 높습니다. 벌금액을 정할 때에도 위에서 열거한 점들을 고려하여 결정하게 된답니다.

피해자가 합의를 해 주지 않을 경우 가해자는 공탁이라는 제도를 이용하게 되는데, 이는 적정한 합의금을 법원에 공탁하여 피해자로 하여금 수령해 가도록(찾아 가도록) 하는 제도입니다.

적정한 합의금으로써 합의를 대신하게 하는 효과가 있으나, 합의와 동일한 것은 아닙니다.

이는 피해자가 피해로 인한 합의금을 지나치게 과도하게 요구할 경우, 즉 사회 일반인의 입장에서 판단해 볼 때, 매우 부당하다고 여겨지고, 합의가 성립되지 않는 경우에 이용하는 제도입니다.

가장 중요한 것은 피해자와의 합의입니다.

그러나 합의가 이루어지지 않는 경우에는 적정한 금액을 법원에 공탁하는 제도를 이용할 수 있습니다.

그리고 경찰에서 진술서를 작성하라고 하면 진술서를 작성하시고, 피의자신문조서를 작성할 때에는 그에 응하십시오.

또한 합의를 한 경우에도, 경찰에서 진술서를 작성하라고 하면 그렇게 하시고, 피의자신문조서를 작성하는 경우에도 그에 응하십시오.

진술서를 작성하는 것을 거부하면, 피의자신문조서를 작성하게 되고,

결국에는 어떤 형태로든 조사를 받게 됩니다.

결론적으로, 경찰이 요구하면 진술서를 작성하시고, 피해자와 합의를 보도록 노력하시되, 만약 합의가 되지 않는다면 공탁제도를 이용하는 것이 현명하다고 판단됩니다.

다른 회사의 명예를 훼손한 경우

A라는 회사에 재직중인 직원이 B라는 동종업체를 설립하여 경쟁관계에 있습니다.

B회사는 A회사의 실용신안 부분에 대하여 인지를 못하고 도용을 하여 특허법위반으로 손해배상 청구까지 온 상태이나 해당제품은 현재 사용치 않고 여러 신제품으로 대체하여 쓰고 있으며 손해배상을 하더라도 경영상의 큰 문제가 없는 경우입니다.

그러나 A사는 수주경쟁이 있을때마다 B사의 제품을 쓸경우 그 제품에 딱지를 붙여 사용할 수 없고 손해배상문제로 회사가 어려워 곧 쓰러진다, 제품에 문제가 있다고 허위, 과장된 사실을 거래처에 퍼트려 B회사는 여러번 수주에서 밀리고 회사 이미지에 큰 타격을 받고 있습니다.

위의 경우 명예훼손으로 고발 및 손해배상 청구가 가능한지요?

참고로 그러한 이유로 수주에서 밀린경우 해당 발주 담당자의 육성(A사측에서 B사에 대하여 허위, 과장된 내용을 말한 사실)을 녹음해 준비해 두었습니다.

➡ 영업방해로 고발 및 손해배상 청구가 가능합니다

허위 과장된 사실을 유포하여 해당사에 불이익을 줬는데 그 허위 사실을 녹취하셨다면 법정에서 효력이 있습니다.

그리고 명예훼손도 가능하겠지만 A회사를 영업방해로 고발하실 수 있습니다.

만약 B회사가 A회사 근무시 회사에서 데이터를 빼내 B회사를 설립 이득을 취하려했다면 B회사는 산업스파이로 영업비밀 침해혐의로 간주 형법조치가 됩니다.

채무변제를 이유로 협박하는 경우

아버지가 법인을 운영하시다 실패하셔서 부도가 났습니다. 아버지는 부도와 관련하여 형사처벌까지 받으시고 어머니랑 이혼하시고 혼자지내십니다.

그런데 어떻게 알았는지 제가 사는 주소를 알아내어 채권자 한명이 조카라며 큰덩치의 남자와 저희 집에 들이닥쳐서 아버지를 만나러 왔다 하길래. 저는 아버지랑 연락이 닿지않는다고 하였고 어머니 연락처라도 달라고 해서 전화번호를 알려주었는데 그사람은 어머니께 며칠후에 저의 집앞에서 기다릴테니 아버지와 함께 오라고 계속 전화를 했습니다.

그리고 이미 이혼 하고 연락도 되지 않는다고 말하고 더 이상 고롭히지 말라고 하니까 며칠후 조카라는 남자가 저의 집으로 와서 문열라며 행패를 부리고 욕을 해대 경찰이 와서 중재하였고 경찰이 돌아가니 다시 와서 행패부려 다시 경찰 불러서 경범죄로 처리되었습니다. 하지만 다시 전화로 저희 어머니께 이런저런 험한 말을 마구 해대더군요..

이런 경우 다시찾아오면 협박으로 고발할 수 있는지요 처음엔 미안해 서 죄송하다고 계속했지만 이제 아이까지 들먹이며 행패부리는 그 조카라는 사람으로 인해 미안한 마음도 없습니다. 마음같아서는 둘다 고발하고 싶은데 가능한지요.

➡ 상황에 따라 협박등으로 고발하실 수 있습니다.

　상황에 따라서 주거침입죄 그리고 협박, 폭행, 사생
활 침해, 영업방해, 강도 등등 관련 범죄가 성립할 가
능성이 있는데 어떠한 상황이 되느냐에 따라서 달라
지겠습니다.

　우선 상대방에게 경고를 합니다. 상대방이 자꾸 와서
괴롭히거나 하면 "형사적인 처벌을 감수하겠다는 의도
로 생각하겠다고..경찰을 통해서 일을 해결하겠다라.."
이런식으로 해두시고 상대방의 행동이나 언어의 수위
와 정도를 생각해서 증거자료를 남겨두는 것이 좋습
니다.

　상황으로 보건데 덩치큰사람이라고 하니까 사주받고
고용한 사람으로 생각되는데, 틀림없이 그 사람들도
손해가는 행위는 최대한 자제하려고 할것입니다.

　상대방이 위협을 가하는 행위 그러니까 물리적인 폭
행의 가능성이 있는 행동을 할 경우에 반드시 증거자
료및 증언해줄 사람을 확보해두시고, 오히려 폭행죄가
성립해버리면 문제는 오히려 간단하게 해결될 가능성
이 높습니다. 폭행이 이루어지면 반드시 고소하는 쪽
으로 하세요. 폭행이 성립하면 칼자루는 본인이 쥐게
됩니다.

　그리고 욕설및 협박조의 말은 되도록이면 음성 녹음
이라든지 캠코더든 뭐든 기록하실 수 있는 수단에 기
록을 하십시오. 화면이 있으면 더 좋습니다.

　주위분들에게 미리 말을 맞추어서라도 어떻게든 증
인 확보가 되도록 조치를 취하시는 것이 좋습니다.

　상대방이 단순히 와서 행패를 부리는것인지 어떤 재

산적인 손해를 가하는 행위를 하는 것인지에 따라서
고발의 내용이 달라지므로 미리 준비해두시는 것이
좋습니다.

 문제의 발단이 분명 부모님께서 가지고 계신 채무때
문에 발생한 문제인듯 싶은데 형사적 처벌을 받았다
고 할지라도 채무가 사라져 버리는 것은 아니고 추후
민사소송을 통해서 그 채무여부의 확정이 필요하나
일단은 그 채무가 발생한 시점에서 10년이라는 소멸
시효의 적용이 있다는 것을 알아두시고, 본인의 형제
관계가 어떻게 되는지는 알 수 없으나 아직 부모님께
서 살아계시지만, 혹여 부모님 사후 재산승계시 남겨
진 재산보다 채무 즉 빚이 초과하게 될 경우 그 채무
를 고스란히 떠 안을 수는 없습니다. 따라서 현행 민
법에선 이에 대한 법적인 제도를 마련해두었는데, 한
정상속 그리고 상속포기가 바로 그것입니다. 이의 행
사는 사후 3개월 이내에 법원을 통해 일정한 서류를
제출하여 이를 행사하도록 되어 있으며 혹 상속받은
사람이 모르는 채무가 있었는데 한정상속 혹은 상속
포기를 행사하지 않은 상태에서 3개월이 지난 시점에
서 갑자기 채무변제를 요구하는 경우에도 추후 이를
알게된 시점에서 다시 3개월 이내에 역시 같은 권리
를 행사할 수 있습니다. 다만 본인의 현 시점에서 알
고있는 채무를 3개월이 지난 시점에서 이들의 권리행
사를 할 수는 없겠지요. 그리고 상속포기에서의 주의
할 점은 만약 형제가 둘이 있는데 한사람이 포기를
하고 3개월이 지나버린 시점에서 다른 형제에게 채무

가 돌아가게 되는 경우가 있는데 이 경우에도 불이익
을 고스란히 받게 됩니다.

중고차량을 구입했는데 주행거리가
조작된 경우

제 친구 甲이 얼마전 ○○중고차 상사에서 ○○년식 ○○차량을 구입했습니다. 주행기록을 보니 아직 애프터서비스 기간이 5,000킬로미터, 기간은 6개월 남았기에 시세보다 조금 더 주고 구입을 했습니다.

구입후 1주일 가량이 지나서 차량에 소음이 많이 발생하길래 지정정비 공장에 들어갔더니 보증기간이 10,000킬로미터나 지난 차량으로 밝혀졌습니다. 친구는 세상이 다 그런거라면서 넘어가려고 하지만 저는 다른 선의의 피의자를 막기 위하여 ○○중고차 상사를 고발하려고 합니다. 어떻게 고발하면 될까요?

➡ 관할구청이나 경찰서에 고발장을 제출하시면 됩니다.

   일단 미터기 조작으로 인한 '계약원인무효'를 주장할수 있습니다. 즉, 차량을 반납하고 차량대금과 구입시 들어간 일체의 경비를 변제 받을수 있습니다. 그러나 현재 차량의 상태가 구입시와 다르다면 그에 따른 감가상각이 되며 구입시점을 기준으로 기간 사용료를 감안해야 합니다. 또한 차량 수리비에 들어간 100만원중 차량의 결함과 직접적인 내역만을 보상받으실수 있습니다.
   또한 미터기 조작이 전차주에 의해서 작업되었는지

딜러에 의해 조작되었는지도 고객님께서 직접 규명하셔야 하는 불편함도 있습니다. 하지만 경찰에 고발을 하시게 되면 경찰에서 모두 조사해 줍니다.

요즘은 개인들도 차량을 판매하러 오면서 계기판 조작을 하는 사례도 있기에 담당 딜러가 그부분도 주장할수 있습니다. '난 모르는 일이다' 하면서 담당딜러가 계기판 조작을 시인하면 별 문제가 없습니다.

소보원은 소비자의 피해에 대해 업체와 소비자의 중제 역활 밖에 하지 못하며 중고차 매매상사는 관할 구청의 행정 관리 감독을 받습니다. 문제 해결의 직접적인 방법은 관할 구청 교통운영과에 민원접수 하시는 것이 빠르니 민원으로 처리하시면 됩니다. 1주일이면 답이 나옵니다. 미터기 조작 사례는 최고 영업정지 100일입니다. 다른 분의 피해를 막기 위해 고발하신다면 이것 이상 좋은 방법이 없습니다

경찰서에 고발을 하시게 되면 주행거리 조작을 인정하지 않을 경우 사기죄로 고발이 되므로 형사처벌을 원하신다면 경찰서에 고발하시는 것이 좋습니다.

미터기 조작에 따른 감가 피해 보상을 원하신다면 적당한 금액선에서 합의 보시는게 좋습니다(정도에 따라 30~50만원 정도).

환불을 원하신다면 차량상태에 따른 감가상각비와 그간의 사용요금은 차량구입자가 손해를 봐야 한다는 결론입니다.

한국인의 중국에서의 배임해위가 우리나라에서 고발가능한지

➡ 배임행위를 한 사람이 한국인이라면 속인주의에 근 거하여 당연히 우리나라 형법이 적용되므로 형사고 발이 가능합니다.

 배임행위의 피해자가 한국인이라면 상호주의에 의해, 우리나라에서 중국인이 배임행위의 피해자가 된 경우 에는 중국에서 처벌될수 있느냐, 즉, 상호주의-우리 나라에서 일어난 범죄의 피해자에게 그 피해자의 나 라의 법을 적용시키면 다른 나라에서 발생한 범죄의 피해가 우리나라사람인 경우에도 우리나라 법률을 적 용시키는, 국제법적인 영역과 밀접한 관련이 있습니다 한국인이 중국에서 범죄를 저지른 사안인 경우 속인 주의로서 당연 히 처벌됩니다.

고소와 고발의 차이

　고소란 범죄의 피해자 또는 그 피해자와 일정한 관계에 있는 고소권자(미성년자인 경우 그 미성년자의 아버지나 어머니)가 수사기관에 대하여 범죄사실을 신고하여 범인의 처벌을 요구하는 의사표시입니다. 따라서 강간죄와 같은 친고죄의 경우는 고소권자의 고소가 없으면 검사는 그 가해자(범죄자)를 처벌하여 달라는 법원에 재판을 청구할 수 없습니다.

　이와 비슷한 것으로 범죄의 피해신고가 있는데, 고소와의 차이점은 이는 단순히 범죄로 인하여 피해를 입은 사실을 신고한 것뿐입니다. 그러나 수사기관에서는 친고죄가 아닌 경우는 이 범죄피해자의 신고를 받고도 수사하도록 되어 있습니다. 그에 반해 고소는 반드시 그 범죄자를 처벌하여 달라는 의사표시가 있어야 하며, 이는 말로 수사기관 즉 경찰이나 검찰에 가서 해도 되고 그렇지 않으면 글로써서 제출해도 되는데 이를 고소장이라 합니다.

　고발은 고소권자와 범인 이외의 사람이 수사기관에 대하여 범죄사실을 신고하여 수사기관이 수사를 할 수 있도록 하는 것입니다.

　그래서 강간죄와 같은 친고죄는 무한정으로 피해자에게 그 범죄자의 처벌여부를 맡겨둘 수 없으므로 시간적 제약이 있습니다. 예를 들면 형법상의 친고죄는 범인을 알게된 날로부터 6개월, 성폭력범죄의 처벌

등에 관한 특례법상의 친고죄는 범인을 알게된 날로
부터 1년입니다. 그렇지만 이에 반하여 고발은 기간
의 제한이 없습니다.

 고소는 수사기관에 하였다가 한번 취소하면 다시 고
소할 수 없지만 고발은 취소한 후라도 다시 고발할
수 있습니다.

 또 고소인은 자기 한 고소사건에 대하여 검사가 불
기소처분을 한 경우에 대하여 헌법소원을 제기할 수
있으나 고발은 그러한 권한이 없습니다.

성폭력범죄의 고발

제 친구가 의붓아버지로부터 성폭행을 상습적으로 당하고 있는데 그 사람을 처벌받게 할 수 있나요? 친구의 엄마가 3년 전에 그 남자와 재혼을 하면서부터 계속해서 제 친구를 성폭행 했다고 합니다.

➡ 친족강간죄에 해당하여 5년이상의 유기징역에 처해 질 수 있습니다.

　일반적인 강간죄는 형법 제297조 및 제306조 에 의해 고소권자의 고소가 있어야만 처벌할 수 있지만, 근친간에 일어나고 있는 강간에 대하여는 성폭력범죄의 처벌 등에 관한 특례법 제5조에서 친족강간죄로 가중처벌하며 피해자의 고소가 없어도 처벌할 수 있도록 하였습니다.
　동법 제5조 제1항 및 제3항에 의해 4촌이내의 혈족과 2촌이내의 인척에 의한 강간은 친족강간으로서 형법상의 강간죄보다 무겁게 처벌하며 피해자의 고소가 없어도 주변사람들의 고발에 의해 수사기관이 범죄사실을 알게 되면 검사가 공소제기를 할 수 있도록 하였습니다.
　피해자와 가해자의 관계를 보면 어머니의 재혼으로 인해 의붓아버지가 된 것으로서 인척관계에 해당합니다.

따라서, 의붓아버지는 성폭력범죄의 처벌 등에 관한 법률 제5조 제1항에 해당하여 7년이상의 유기징역에 처해질 수 있습니다.

인터넷 게시판을 이용한 음란광고 업자를 고발하는 경우

저는 ○○이라는 어린이 교육 인터넷 사이트를 자주 이용하는 사용자입니다.

이곳에는 학무모와 아이들이 주로 이용하는 곳인데 이곳의 자유게시판을 보면 제목에는 아동용 필수자료라고 표시돼어 있어서 들어가보면 성인용사이트로 연결되며 성행위 사진이 나옵니다.

저는 자주 보아서 들어가보지는 않지만 만약 어린이가 보면 큰일입니다.

게시판 운영자도 매일 삭제를 하는 것 같은데 그래도 매일 올라오고 있습니다. 게시판에 이와 같은 링크를 걸은 사람을 고발하고 싶은데 가능한지요? 그렇다면 무슨죄로 처벌을 받게 되는 지요?

➡ **정보통신망 이용촉진 및 정보보호 등에 관한 법률 위반으로 고발하시면 됩니다.**

고발하시면 형법이나 정보통신망 이용촉진 및 정보보호 등에 관한 법률로 처벌받게 됩니다.

우선 허위의 정보를 입력하여 정보처리의 장애를 발생하게 하여 업무를 방해한 것이 되므로 게시판 운영자는 음란광고자를 업무방해로 고소할 수 있습니다(형법제314조 제2항(컴퓨터등장애업무방해)). 이는 5년 이하의 징역 또는 1,500만원 이하의 벌금에 해당하는 무거운 죄가 됩니다.

또한 정보통신망 이용촉진 및 정보보호 등에 관한 법률 제42조(청소년유해매체물 표시의무 위반) 또는 제42조의2 위반으로 2년 이하 징역이나 1천만원 이하 벌금 에 처해질 수 있습니다(동법 제73조).

제44조의7 제1항 제1호 (음란한 부호 등의 배포, 판매, 임대, 전시) 위반으로 고발하실 수 있고 2년 이하 징역이나 1천만원 이하 벌금에 처할 수 있고(동법 제73조)

정보통신망 이용촉진 및 정보보호등에 관한 법률에서는 청소년유해매체물에 대해 다음과 같이 규정하고 있습니다.

제42조(청소년유해매체물의 표시) 전기통신사업자의 전기통신역무를 이용하여 일반에게 공개를 목적으로 정보를 제공하는 자(이하 "정보제공자"라 한다) 중 「청소년보호법」 제7조제4호에 따른 매체물로서 같은 법 제2조제3호에 따른 청소년유해매체물을 제공하려는 자는 대통령령으로 정하는 표시방법에 따라 그 정보가 청소년유해매체물임을 표시하여야 한다.

또한 정보통신망 이용촉진 및 정보보호 등에 관한 법률에서는 무분별한 광고를 막기 위해 다음과 같이 규정하고 있습니다.

제44조의2(정보의 삭제요청 등) ① 정보통신망을 통하여 일반에게 공개를 목적으로 제공된 정보로 사생활 침해나 명예훼손 등 타인의 권리가 침해된 경우 그 침해를 받은 자는 해당 정보를 취급한 정보통신서비스 제공자에게 침해사실을 소명하여 그 정보의 삭제 또는 반박내용의 게재(이하 "삭제등"이라 한다)를

요청할 수 있다.

② 정보통신서비스 제공자는 제1항에 따른 해당 정보의 삭제등을 요청받으면 지체 없이 삭제·임시조치 등의 필요한 조치를 하고 즉시 신청인 및 정보게재자에게 알려야 한다. 이 경우 정보통신서비스 제공자는 필요한 조치를 한 사실을 해당 게시판에 공시하는 등의 방법으로 이용자가 알 수 있도록 하여야 한다.

③ 정보통신서비스 제공자는 자신이 운영·관리하는 정보통신망에 제42조에 따른 표시방법을 지키지 아니하는 청소년유해매체물이 게재되어 있거나 제42조의 2에 따른 청소년 접근을 제한하는 조치 없이 청소년 유해매체물을 광고하는 내용이 전시되어 있는 경우에는 지체 없이 그 내용을 삭제하여야 한다.

④ 정보통신서비스 제공자는 제1항에 따른 정보의 삭제요청에도 불구하고 권리의 침해 여부를 판단하기 어렵거나 이해당사자 간에 다툼이 예상되는 경우에는 해당 정보에 대한 접근을 임시적으로 차단하는 조치 (이하 "임시조치"라 한다)를 할 수 있다. 이 경우 임시조치의 기간은 30일 이내로 한다.

⑤ 정보통신서비스 제공자는 필요한 조치에 관한 내용·절차 등을 미리 약관에 구체적으로 밝혀야 한다.

⑥ 정보통신서비스 제공자는 자신이 운영·관리하는 정보통신망에 유통되는 정보에 대하여 제2항에 따른 필요한 조치를 하면 이로 인한 배상책임을 줄이거나 면제받을 수 있다.

이상에서 설명한 바와 같이 고발하시면 다시는 불법 성인광고로 인한 피해는 없을 것으로 사료됩니다.

부도수표의 소지인이 은행에 처벌을 원하지 않는다는 의사를 표시한 경우의 효력

수표부도시 발행인이 부도수표를 회수하여 금융기관에 제시하거나, 수표소지인이 당해 금융기관에 서면으로 처벌을 원하지 않는다는 명시의 의사표시를 하였을 경우 은행이 부정수표단속법위반의 고발대상에서 제외할 수 있는지요?

➡ 제외되지 않습니다,

　부정수표단속법 제2조에 의하면 수표를 발행하거나 작성한 자가 수표를 발행한 후 예금부족·거래정지처분이나 수표계약의 해제 또는 해지로 인하여 제시기일에 지급되지 아니하게 한 때(과실로 인한 경우 포함) 범죄가 성립되지만, 수표를 회수하거나, 회수하지 못하였을 경우라도 수표소인의 명시한 의사에 반하여서는 각 공소를 제기할 수 없다고 규정하고 있습니다.
　그리고 부정수표단속법 제7조는 금융기관에 종사하는 자가 직무상 부정수표단속법 제2조 제1항(발행인이 법인 기타 단체인 경우 포함)의 부정수표 또는 부정수표단속법 제5조에 규정된 위조·변조된 수표를 발견한 때에는 48시간 이내에, 부정수표단속법 제2조 제2항(발행인이 법인 기타 단체인 경우 포함)에 규정된 부정수표를 발견한 때에는 30일 이내에 수사기관에 이를 고발하여야 하며, 이 경우 고발을 하지 아니한 때에는 100만원 이하의 벌금에 처한다고 규정하고 있습니다.

이와 같이 금융기관의 고발의무를 규정하고 있는 것은 금융기관이 수표업무처리자의 입장에서 부도 등 범죄성립에 관한 자료를 독점하고 있을 뿐만 아니라, 금융업무의 신뢰성확보의 책임을 분담하고 있다는 배경에서 그 근거를 찾을 수 있다 하겠습니다.그런데 부정수표단속법 제2조 소정의 공소제기요건의 충족여부를 확인하는 것은 수사활동의 주요한 내용이 되고, 형사소송법 제239조 및 제237조 규정을 보더라도 고소·고발의 취소는 검사 또는 사법경찰관에게 하도록 되어 있으며, 고소인과 피고소인 사이에 합의서를 작성한 것만으로는 수사기관이나 법원에 대한 고소취소의 의사표시라고 할 수 없다는 판례(대법원 1969. 2. 18. 선고 68도1601 판결)도 있으므로, 회수한 수표를 금융기관에 제시하거나 금융기관에게 처벌을 희망하지 않는 의사표시를 한 것만으로는 공소제기요건(소추요건)을 결여한 것으로 인정될 수 없다고 하겠습니다.따라서 부도수표가 회수되어 금융기관에 제시되거나 금융기관에 대하여 처벌불원의 의사표시를 하였다 하여도 이를 고발장에 첨부하여 수사의 자료로 삼게 하는 것은 별론으로 하고 그러한 사실자체만으로 형사소송절차를 종결할 수 있는 것은 아니고, 그러한 금융기관에 고발의무가 있는 이상 부정수표단속법 소정의 고발대상에서 제외되지는 않습니다.

더욱이 부정수표발행인이 수표소지인을 다방 등에서 만나 건네 받거나 지인이 발행인에게 형사처벌을 원하지 아니한다고 말한 그 즉시 사건이 종결되는 것이 아니라, 이러한 사유가 수사기관 또는 법원에 의하여 확인되어야 형사소송법상의 효과를 실제적으로 발생하게 됩니다(법무부 법령해석질의응답 제17집, 1994. 1. 21. 법심61010-24).

불기소처분의 종류에는 어떤 것이
있는지

불기소처분이란 무엇이며, 그 종류와 의미에 대해서 알고 싶습니다.

➡ 기소유예, 혐의 없음, 죄가 안됨, 공소권 없음, 기소
중지, 공소보류 등이 있습니다.

현행법상 수사종결처분권은 검사에게만 인정되고 검사가 피의사건에 대하여 공소를 제기하지 않는 처분을 불기소처분(不起訴處分)이라고 합니다(형사소송법 제247조).
불기소처분에는 ①기소유예, ②혐의 없음, ③죄가 안됨, ④공소권 없음, ⑤기소중지, ⑥공소보류 등이 있으며 그 중 혐의 없음, 죄가 안됨, 공소권 없음을 협의의 불기소처분이라고 하는데 이를 살펴보면 다음과 같습니다.
①기소유예: 피의사실이 인정되나 형법 제51조(범인의 연령, 성행(性行),지능과 환경, 피해자에 대한 관계, 범행의 동기·수단과 결과, 범행 후의 정황)의 사항을 참작하여 공소를 제기하지 않는 것을 말합니다(형사소송법 제247조 제1항).
②혐의 없음(무혐의): 피의사실이 인정되지 아니하거나 피의사실을 인정할 만한 충분한 증거가 없는 경

우 또는 피의사실이 범죄를 구성하지 아니하는 경우에 하는 처분을 말합니다. 검사가 혐의 없음 결정시 고소인 또는 고발인의 무고혐의의 유무에 관하여 판단하여야 합니다(검찰사건사무규칙 제70조).

③죄가 안됨(범죄 불성립): 피의사실이 범죄구성요건에 해당하나 법률상 범죄의 성립을 조각하는 사유가 있어 범죄를 구성하지 아니하는 경우로 피의자가 형사미성년자나 심신상실자인 경우, 정당행위, 정당방위, 긴급피난에 해당되는 경우입니다(형법 제20조).

④공소권 없음: 확정판결이 있는 경우, 통고처분이 이행된 경우, 소년법 또는 가정폭력범죄의처벌등에관한특례법에 의한 보호처분이 확정된 경우(보호처분이 취소되어 검찰에 송치된 경우를 제외한다), 사면이 있는 경우, 공소의 시효가 완성된 경우, 범죄 후 법령의 개폐로 형이 폐지된 경우, 법률의 규정에 의하여 형이 면제된 경우, 피의자에 관하여 재판권이 없는 경우, 동일사건에 관하여 이미 공소가 제기된 경우(공소를 취소한 경우를 포함한다. 다만, 다른 중요한 증거를 발견한 경우에는 그러하지 아니하다) 친고죄 및 공무원의 고발이 있어야 논하는 죄의 경우에 고소 또는 고발이 없거나 그 고소 또는 고발이 무효 또는 취소된 때, 반의사불벌죄의 경우 처벌을 희망하지 아니하는 의사표시가 있거나 처벌을 희망하는 의사표시가 철회된 경우, 피의자가 사망하거나 피의자인 법인이 존속하지 아니하게 된 경우입니다.

⑤각하: 고소 또는 고발이 있는 사건에 관하여 고소인 또는 고발인의 진술이나 고소장 또는 고발장에 의

하여 혐의 없음 또는 공소권 없음이 명백한 경우, 형
사소송법상의 고소·고발의 제한이나 고소불가분규정에
위반한 경우, 새로운 증거없는 불기소처분사건인 경
우, 고소권자 아닌 자가 고소한 경우, 고소·고발 후 고
소·고발인이 출석에 불응하거나 소재불명으로 진술청
취 불가능한 경우에는 각하 할 수 있습니다(검찰사건
사무규칙 제69조 제3항 제5호).

기소중지: 피의자의 소재불명 또는 검찰사건사무규칙
제74조 참고인중지결정 사유외의 사유로 수사를 종결
할 수 없는 경우에는 그 사유가 해소될 때까지 기소
중지결정을 할 수 있습니다(검찰사건사무규칙 제73
조). 피의자의 소재불명을 이유로 기소중지하는 경우
에는 피의자를 지명수배 하게 됩니다. 피의자의 소재
가 판명되는 등 기소중지사유가 해소되면 다시 수사
를 진행합니다.

참고인중지: 참고인·고소인·고발인 또는 같은 사건 피
의자의 소재불명으로 수사를 종결할 수 없는 경우에
는 그 사유가 해소될 때까지 참고인중지결정을 할 수
있습니다(검찰사건사무규칙 제74조). 이 경우에는 참
고인 등에 대한 소재수사지휘를 하는 경우가 있습니
다(검찰사건사무규칙 제77조).

공소보류: 국가보안법위반 피의자에 대하여 형법 제
51조의 사항을 참작하여 공소제기를 보류하는 것으로
국가보안법 제20조에 규정하고 있습니다.

미성년자에게 술을 판매한 유흥업 소를 고발하는 경우

술집에서 미성년으로 보이는 청소년에게 신분확인 없이 주류를 판매하는 것을 목격하고 고발을 하려고 합니다. 고발을 하면 업주는 어떤 처벌을 받게 되는가요?

➡ 식품위생법 및 청소년보호법위반으로 벌해지게 됩니다.

미성년자에게 주류를 판매한 경우 식품위생법에서는 다음과 같이 규정하고 있습니다.
제31조(영업자등의 준수사항)
② 식품접객영업자는 청소년보호법 제2조의 규정에 의한 청소년에 대하여 다음 각호의 행위를 하여서는 아니된다.
1. 청소년을 유흥접객원으로 고용하여 유흥행위를 하게 하는 행위
2. 청소년보호법 제2조제5호 가목(1)의 규정에 의한 청소년 출입·고용금지업소 또는 동호 나목(1)의 규정에 의한 청소년고용금지업소에 청소년을 고용하는 행위
3. 청소년보호법 제2조제5호 가목(1)의 규정에 의한 청소년출입·고용금지업소에 청소년을 출입하게 하는 행위

4. 청소년에게 주류를 제공하는 행위
이에 위반하는 경우 제58조에서는 대통령령이 정하는 바에 따라 영업허가를 취소하거나 6월 이내의 기간을 정하여 그 영업의 전부 또는 일부를 정지하거나 영업소의 폐쇄를 명할 수 있다고 규정하고 있습니다.
또한 청소년보호법에서는
제26조(청소년유해약물 등으로부터 청소년보호)
① 누구든지 청소년을 대상으로 하여 청소년유해약물등을 판매·대여·배포하여서는 아니된다.

여기서 청소년유해약물 등이라 함은 청소년유해약물과 청소년유해물건을 말하는데, 주류(주세법), 담배(담배사업법), 마약류(마약류관리에관한법률), 환각물질(유해화학물질관리법), 기타 대통령령이 정하는 기준에 따라 청소년보호위원회가 결정하여 고시한 약물, 음란한 행위를 조장하는 성기구, 청소년에게 음란성·폭악성·잔인성·사행성 등을 조장하는 완구류 등이 이에 해당합니다.

제51조 제8호에서는 제26조 제1항의 규정에 위반하여 청소년에게 주세법의 규정에 의한 주류 또는 담배사업법의 규정에 의한 담배를 판매한 자는 2년 이하의 징역 또는 1천만원 이하의 벌금에 처한다고 규정하고 있습니다.
위의 처벌규정은 꼭 그만큼이 아니라 상황에 따라 달라집니다.

불법퇴폐음란광고의 고발

아침에 차량을 보면 성인이 보기에도 낯 뜨거운 선정적인 광고물들이 꽂혀있는걸 볼 수 있습니다. 학교로부터 500미터 정도 떨어진 곳이라 아이들이 지나가면서 이것을 들고가 구겨서 던지는 등 아이들에게 유해한 행위를 고발하고자 하는데 어떻게 처리가 되나요?

➡ 구청 및 경찰서에 하시면 됩니다.

　불법퇴폐업소의 신고는 구청 사회과 쪽으로 하시면 되고, 불법퇴폐광고물은 구청 건축과 또는 사회과 쪽에서 하고 있습니다.
　민원의 제기는 보통 인터넷 홈페이지에서 하셔도 되고, 편지로 진정서를 제출하셔도 됩니다.
　특별한 양식은 없고 그냥 하시고 싶고 원하시는 바를 서술하시듯 쓰시면 됩니다.
　또한 경찰에 고발을 하시고자 하는 경우에는 청소년보호법상의 유해매체물로 신고를 하시면 됩니다.
　구청에 신고하시는 경우 광고주는 행정처벌을 받게 되고, 경찰에 신고하신 경우에는 청소년보호법 제20조(광고선전제한) 위반으로 3년이하의 징역 또는 2천만원 이하의 벌금에 처해집니다.

불법성인오락실 고발

퇴근길에 보면 버스정류장 부근에 불법성인오락실이 있어 신고하고자 합니다. 거기서는 외부에 스피커를 장치해 두고 몇 번 손님이 잭팟으로 얼마 당첨이라는 소리가 그대로 나오고 있습니다. 성인오락실에서 현금을 지급하면 안되는 것으로 알고 있는데 성인오락실에서의 불법은 어떤것이며, 어떠한 처벌을 받게 되는지요?

➡ 시상을 현금으로 하거나 등록되지 않은 기계로 영업을 하는 경우등이 있습니다.

사행행위 등 규제 및 처벌 특례법 제2조에서 말하는 사행행위영업이란

1. 복권발행업(福券發行業) : 특정한 표찰(컴퓨터프로그램 등 정보처리능력을 가진 장치에 의한 전자적 형태를 포함한다)을 이용하여 여러 사람으로부터 재물등을 모아 추첨 등의 방법으로 당첨자에게 재산상의 이익을 주고 다른 참가자에게 손실을 주는 행위를 하는 영업

2. 현상업(懸賞業) : 특정한 설문 또는 예측에 대하여 그 답을 제시하거나 예측이 적중하면 이익을 준다는 조건으로 응모자로부터 재물등을 모아 그 정답자나 적중자의 전부 또는 일부에게 재산상의 이익을 주고 다른 참가자에게 손실을 주는 행위

를 하는 영업

3. 그 밖의 사행행위업: 가목 및 나목 외에 영리를
   목적으로 회전판돌리기, 추첨, 경품(景品) 등 사
   행심을 유발할 우려가 있는 기구 또는 방법 등을
   이용하는 영업으로서 대통령령으로 정하는 영업

으로 규정하고 있습니다

현재 일반게임장에서 제공하는 게임물로는 동전밀어
내기게임, 카드게임, 릴게임, 짝마추기식게임 등이 있
고 모든 게임장에서는 게임물을 이용 도박·기타 사행
행위를 할 수 없습니다. 하지만 많은 성인오락실에서
는 현금시상을 하고 있습니다.

조악스러운 물건을 받으려고 하는 사람이 얼마나 있
겠습니까?

보통은 상품권을 지급하거나 상품을 지급한후 깡을
통해서 현금으로 교환해주고 있습니다.

하지만 이것도 모두 불법입니다.

위와 같은 불법성인오락실의 경우는 경찰서 생활안
전지도계에 신고하시면 조사후 위법행위 발견시 처벌
을 하게 됩니다.

성인오락실의 위법행위로는

1. 미성년자의 출입(만 18세 미만)

2. 불법 개/변조 기판을 사용

3. 경품의 게임기 자동배출 위반

4. 미풍양속을 저해하는 경품제공

등이 대상이 됩니다.

사행행위 등 규제 및 처벌특례법에서는

1. 규정에 의한 허가를 받지 아니하고 영업을 한 자
2. 규정에 위반하여 사행기구를 설치, 사용 또는 변조한자
3. 규정에 의한 허가를 받지 아니하고 영업을 한 자에 해당하는 자는 3년이하의 징역 또는 2천만원이하의 벌금에 처합니다.

또한

1. 규정에 의한 변경허가를 받지 아니하고 영업을한 자
2. 규정에 위반하여 승계신고를 하지 아니하고 영업을 한 자
3. 규정에 의한 영업의 방법 및 당첨금에 관하여 대통령령이 정하는 사항 또는 영업시간등의 제한을 지키지 아니하고 영업을한 자
4. 영업명의를 다른 사람에게 대여한 자
5. 규정에 위반하여 미성년자를 입장시켜 영업을 한 자
6. 규정에 위반하여 광고 또는 선전을 한 자
7 규정에 의한 검사를 받지 아니한 사행기구를 이용하여 영업을 한 자
8. 규정에 의한 검사를 받지 아니한 사행기구를 판매한 자
9. 규정에 의한 검사합격필증을 훼손하거나 제거한 자
10. 규정에 위반하여 검사기록을 보존하지 아니한 자

11. 규정에 위반하여 표시없는 사행기구를 판매하거
    나 허위표시를 하여 판매한 자
12. 규정에 의한 보고를 하지 아니하거나 허위보고
    를 한 자 및 관계공무원의 출입·검사 기타 조
    치를 거부·방해 또는 기피한 자
13. 규정에 의한 개수·개선 또는 시정명령을 따르
    지 아니한 자
14. 규정에 의한 영업정지처분에 위반하여 영업정지
    기간중에 영업을한 자

등에 대해서는 1년이하의 징역 또는 1천만원이하의
벌금에 처합니다.

또한 성인오락실의 경우에는 법인의 대표자나 법인
또는 개인의 대리인·사용인 기타의 종업원이 그 법
인 또는 개인의 업무에 관하여 제30조의 규정에 의한
위반행위를 한 때에는 행위자를 벌하는 외에 그 법인
또는 개인에 대하여도 동조의 벌금형에 처해집니다.

자가용자동차의 불법영업행위의 고발

저는 경기도 ○○지역에 거주하는 사람으로서 늦은 시간에는 버스가 다니지 않아 택시를 이용하여 귀가하고 있습니다.

그런데 어느날처럼 택시를 기다리고 있는데, ○○가1234 ○○차량이 다가오더니 어디까지 가느냐 묻기에 ○○지역까지 간다하자 지금 시간에는 택시도 없으니 자신에게 평소 택시비만큼만 주면 데려다 준다고 하였습니다. 이를 고발하려고 하는게 어느곳으로 하여야 하며 이 경우 처벌은 어떻게 되는가요?

➡ 관할 구청에 하시면 형사고발까지 합니다.

자가용자동차의 유상운송은 여객자동차운수사업법 제81조 위반이며, 2년이하의 징역 또는 2,000만원 이하의 벌금에 처해지게 됩니다.

자가용자동차의 불법행위를 구청에 신고하게 되면 운행정지 180일 또는 500만원 이하의 과태료에 처해지며, 형사고발을 당하게 됩니다.

자동차관리법에 따르면 자가용은 유상을 목적으로 절대로 운행할 수 없다. 라고 되어있고 유상운전시 사고는 보상이 안됩니다..만일 자가용차량을 가지고 처음엔 사고 없고 승객과 말을 맞추어 법망을 피해 잘 해 나가더라도 사고났을시 동승자과실등을 보험사는 무조건 따지기에 모든사람들은 피해자가 되면-특히 불법영업행위의 손님들은- 보험금을 많이 받을려고 하지 절대 손해보지 않을려고 하기에 불법행위를 사실대로 발설하게되어 운행자는 행정, 형사, 민사상의 책임을 지게 됩니다.

노래방에서 도우미를 고용한 경우 의 고발

며칠전 저희 직원들과 회식을 마친후 2차로 근처의 ○○노래 방을 가게 되었습니다. 그 노래방에서는 남자만 5명이서 온 것을 보고 도우미가 필요하지 않느냐면서 한사람당 20,000원 을 내면 재미있게 놀 수 있다고 권유를 했습니다. 그래서 거 절을 하고 나와서 다른 노래방으로 갔지만 이같은 도우미 고 용의 경우 불법이므로 고발을 하고자 하는데 어떻게 해야 하 나요

➡ 신고는 관할 경찰서 및 파출소 또는 112전화신고로 하시면 됩니다.

만약 노래방에서 도우미를 고용한 경우라면 음악산 업진흥에 관한 법률 제22조 위반으로 처벌됩니다.
하지만 소위 2차가 있는 경우라면 성매매행위등처벌 에관한법률에서 성매매행위 알선으로 처벌됩니다.
하지만 도우미를 상주시키지 않은 경우라면 보통은 업주에게는 행정적인 처벌만이 가해집니다(벌금 및 6 개월 이내의 영업정지).
만약 도우미로 미성년자가 왔다면 노래방은 청소년 보호법위반으로 처벌받게되어 상당히 중한 처벌이 가 해지게 됩니다.
만약 노래방 도우미가 퇴폐적인 행위를 노래방에서

하였다면 풍속영업의규제에관한법률 제3조는 영업장소에서 윤락행위 또는 음란행위를 하게 하거나 알선 또는 제공하여서는 아니된다고 규정하고 있으며, 그 위반시에는 3년 이하의 징역이나 3천만원 이하의 벌금에 처해지게 됩니다.

하지만 도우미의 경우는 보통은 경범죄처벌법 위반으로 벌금(10만원 정도)으로 끝나게 됩니다.

법에서는 도우미보다는 도우미를 고용한 노래방업주나 도우미를 관리하고 있는 업주(속칭 보도방업주)를 무겁게 처벌하고 있습니다.

하지만 노래방에서 도우미와 같이 노래만 부른 손님의 경우에는 처벌이 되지 않습니다.

제3편
고소 고발의 이해

1. 고소의 의의

범죄의 피해자 등 고소권을 가진 사람이 수사기관에 대하여 범죄사실을 신고하여 범인을 처벌해 달라고 요구하는 것입니다.

단순히 피해신고를 하는 것과는 다르다는 것을 알아두어야 합니다.

2. 고소권을 가진 사람

모든 범죄의 피해자와 피해자가 무능력자인 경우의 법정대리인 그리고 피해자가 사망한 경우의 배우자, 직계친족, 형제 자매입니다.

다만 자기나 배우자의 직계존속 즉 부모나 시부모, 장인, 장모등은 원칙적으로 고소할 수 없으나 예외적으로 직계존속으로부터 성폭력을 당했을 때는 직계존속이라도 고소할 수 있습니다.

3. 고소는 수사기관에 해야 한다.

대통령이나 국무총리, 국회의장, 대법원장, 법무부장관 등 수사기관이 아닌 고위공직자에게 고소장을 제출하는 것은 해당수사기관으로 고소장이 전달되기는 하나 전달되기까지 상당한 기간이 소요되므로 그만큼 수사가 지연되어 고소인에게 손해가 되고 불필요한 국가의 일만 만드는 것이 됩니다. 그러므로 가까운 법원이나 경찰서에 접수하는 것이 가장 빠르다 할 것입니다.

4. 고소를 하는 방식은 제한이 없다.

직접 수사기관에 출석하여 구두로 고소할 수도 있고 고소장을 작성하여 제출할 수도 있습니다. 고소장은 일정한 양식이 없고 고소인과 피고소인의 인적사항, 그리고 피해를 입은 내용, 처벌을 원한다는 뜻만 들어 있으면 반드시 무슨 죄에 해당하는지 밝힐 필요는 없습니다. 다만 피해사실 등의 내용이 무엇인지 알 수 있을 정도로 가능한 한 명확하고 특정되어야 합니다.

가명이나 허무인 또는 다른 사람의 명의를 도용하여 고소해서는 안됩니다. 그렇게 되면 피고소인만 수사기관에 불려다니면서 근거없이 조사를 받는 불이익을 입게 되므로 수사기관은 수사를 중단하고 사건을 종결할 수 있습니다.

5. 적법한 고소가 있으면

고소인은 수사기관에 출석하여 고소사실을 진술할 권리가 있고 수사에 협조할 의무도 있습니다. 또 검사가 고소사건을 불기소처분 하게 되면 그 처분통지를 받을 권리가 있고 불기소처분의 사유를 알고 싶으면 알려달라고 요구할 수 있으며, 불기소처분에 불만이 있으면 상급 고등검찰청과 대검찰청에 항고 및 재항고를 할 수 있습니다. 그 외 특별한 범죄에 대하여는 재정신청도 할 수 있습니다.

6. 친고죄

① 범죄중에는 피해자의 명예나 입장을 고려하여 고소가 없으면 처벌할 수 없는 죄가 있는데 그것을 친고죄라 합니다. 강간죄, 간통죄, 모욕죄 등이 있습니다.

② 친고죄는 범인을 알게된 날로부터 6개월이 지나면 고소를 할 수 없습니다. 다만 성폭력범죄의 처벌 및 피해자 보호 등에 관한 법률상의 친고죄(업무상 위력등에 의한 추행, 공중밀집장소에서의 추행, 통신매체이용음란)는 범인을 알게된 날로 부터 1년이 지나면 고소할 수 없습니다. 또 한번 고소를 취소하면 다시 고소할 수 없고, 1심의 판결이 선고된 후에는 고소를 취소하더라도 소용이 없습니다. 그리고 공범이 있는 경우에는 고소인 마음대로 일부만 고소하거나 취소할 수 없고 공범 전부에게 고소와 취소를 하여야 합니다.

③ 특히 간통죄의 경우에는 배우자에게 이혼소송을 제기하거나 혼인이 해소된 후에만 고소를 할 수 있고, 이혼하기로 일단 합의한 후에 간통한 것은 고소할 수 없습니다.

④ 친고죄와 달리 고소가 없어도 처벌할 수 있으나 피해자가 처벌을 원하지 않는다는 의사를 표시하면 처벌할 수 없는 죄가 있는데 명예훼손죄, 폭행죄 등이 그것 입니다. 처벌을 원하지 않는 의사표시는 친고죄의 고소취소와 같은 효력이 있습니다.

7. 고 발

범죄의 피해자나 고소권자가 아닌 제3자가 수사기관에 대하여 범죄사실을 신고하여 범인을 처벌해 달라는 의사표시를 고발이라고 하는데 형사소송절차에서는 대체로 고소와 그 취급을 같이 합니다

8. 무고죄

① 고소인은 있는 사실 그대로 신고하여야 합니다. 허위의 사실을 신고하는 것은 국가기관을 속여 죄없는 사람을 억울하게 처벌받게 하는 것이므로 피해자에게 큰 고통을 줄 뿐만 아니라 억울하게 벌을 받은 사람이 국가를 원망하게 되어 결국 국가의 기강마저 흔들리게 되므로 무고죄는 엄벌로 다스리고 있습니다.

② 흔히 고소장에 상대방을 나쁜 사람으로 표현하기 위하여 자신의 피해사실과 관계가 없는 사실을 근거없이 과장되게 표현하는 고소인들이 있는데 이는 옳지 않은 일일 뿐 아니라 잘못하면 그때문에 무고죄에 해당될 수가 있습니다. 예컨대 소문난 사기꾼이라든지, 노름꾼으로 사회의 지탄을 받는다든지 하는 등의 표현이 있습니다.

③ 또 수사기관에서 불기소처분이 내려졌다거나 국가기관에서 법률상 들어줄 수 없다고 판정이 된 문제에 관하여 고소인 자신이 그와 다른 견해를 가

지고 있다 하여 자기의 뜻을 관철하고자 같은 내용의 고소나 진정을 수없이 제기하는 것도 무고죄에 해당될 가능성이 많은 것입니다

9. 고소에 앞서 생각할 일

일시적 기분에 좌우되어 경솔하게 고소를 하여 후회를 하는 수가 많습니다. 우리는 고소가 사건해결의 첩경이라고 생각하기 전에 당사자끼리 상호 원만히 해결하는 자세가 필요합니다. 피해를 핑계삼아 과중한 돈을 요구하다가 화해가 결렬되자 홧김에 고소를 하거나, 수십 통의 고소장이나 진정서를 작성하여 여러 곳에 제출하는 사람이 있으나 모두 바람직한 일은 아닙니다. 또한 가해자측에서도 자신의 잘못을 피해자에게 정중히 사과하고 상호 원만한 합의를 이루도록 노력하여야 할 것입니다.

편저 : **생활법률연구원**

감수 : **김영환 전 서기관**

♣ 서울지법 근무
♣ 서울 강서 등기소 등기계장
♣ 서울 남부 지원 등기관
♣ 전 법원 서기관
♣ 편저. 부동산등기(법률미디어)
♣ 편저. 법인등기(법문북스)

고소고발 처음부터 끝까지

정가
18,000원

2012년 8월 5일 1판 인쇄
2013년 8월 10일 1판 발행
편 저 : 생활법률 연구원
감 수 : 김 영 환
발행인 : 김 현 호
발행처 : 법문 북스
공급처 : 법률미디어

152-050
서울 구로구 구로동 636-62
TEL : 2636-2911~3, FAX : 2636-3012
등록 : 1979년 8월 27일 제5-22호
Home : www.lawb.co.kr

● ISBN 978-89-7535-246-1 93360

참고된 자료 안내

▶법률구조공단 법률 상담 사례
▶대법원 법률상담 사례
▶대법원 판례정보
▶법원 공무원 교재
▶종합법률서식(법문북스)
▶형사사건 스스로 해결하기(법문북스)
▶대법원 법률정보
▶법전